DÎNERS
sur le pouce

★ 100 RECETTES INRATABLES ★

Recettes et stylisme : Gema Gomez
Photos : Marc Wauters

100% cuisine
MANGO

SOMMAIRE

★ En 5 à 10 MINUTES ★

★ En 10 à 15 MINUTES ★

★ En 15 à 20 MINUTES ★

★ SOUPES ★

Soupe minute aux tortellinis

★ P. 18

Soupe épicée aux lentilles

★ P. 20

Soupe au chorizo, maïs et pommes de terre

★ P. 180

PÂTES
et riz

Gnocchis à la carbonara

★ P. 58

Cappelletti aux asperges et au citron

★ P. 126

Riz pilaf aux tomates et aux boulettes

★ P. 194

STREET *food*

Croques au camembert, lardons et pâte de coings
★ P.30

Pizza bandiera
★ P.184

Crêpes chicanos
★ P.188

RECETTES du monde

Curry rouge de bar

★ P. 162

Haché thaï aux oignons et riz au lait de coco

★ P. 154

Papillotes de saumon à la grecque

★ P. 86

★ DESSERTS ★

Délice de fraises au moscatel

★ P. 94

Croques aux fruits rouges, miel et ricotta

★ P. 102

Petits flans minute à la noix de coco

★ P.104

SPÉCIAL *enfants*

Burgers gratinés au cheddar et tomates cerises rôties

★ P. 196

Filets de poulet au pili-pili et purée de maïs

★ P. 158

Sandwichs glacés

★ P. 100

LES AMIS
débarquent à l'improviste

Flans au camembert et aux petits pois

★ P. 42

Petits feuilletés au chèvre et au saumon fumé

★ P. 48

Pilons de poulet aux tomates cerises

★ P. 76

Saumon grillé mariné et nouilles sautées aux légumes

★ P. 88

Œufs cocotte aux champignons, chips de chorizo

★ P. 114

Boulettes de veau en blanquette

★ P. 200

En 5 à 10 MINUTES

SOUPE AUX SHIITAKÉS, *crevettes et tapioca*

POUR 4 PERSONNES
PRÉPARATION : 10 MIN
CUISSON : 20 MIN

100 g de crevettes roses
200 g de shiitakés
50 g de tapioca
½ botte de ciboules
1 cuillerée à soupe de menthe hachée
1 cuillerée à soupe de coriandre hachée
2 cuillerées à soupe de sauce de poisson
2 cuillerées à soupe de sauce teriyaki
1 cube de bouillon dégraissé
2 cuillerées à soupe d'huile

★★★

1. Portez à ébullition 1,5 litre d'eau dans une cocotte avec la sauce de poisson, le cube de bouillon émietté et la sauce teriyaki. Versez alors le tapioca en pluie, mélangez bien et laissez mijoter 15 minutes à feu doux.

2. Pendant ce temps, émincez les shiitakés et faites-les revenir dans une grande poêle contenant l'huile, jusqu'à ce qu'ils soient dorés.

3. Émincez les ciboules (le blanc + deux tiers du vert) et ajoutez-les dans la soupe. Laissez mijoter encore 2 minutes et retirez du feu. Ajoutez les crevettes et les champignons, mélangez et rectifiez éventuellement l'assaisonnement en ajoutant de la sauce de poisson.

4. Ajoutez les herbes hachées et servez aussitôt.

Astuce

Évitez de faire encore bouillir la soupe après avoir ajouté les crevettes, sous peine de les voir se racornir.

SOUPE MINUTE
aux tortellinis

POUR 4 PERSONNES
PRÉPARATION : 10 MIN
CUISSON : 15 MIN

250 g de petits tortellinis frais
150 g de pousses d'épinards
3 tomates
2 échalotes
1 gousse d'ail
copeaux de parmesan
2 cubes de bouillon dégraissé
2 cuillerées à soupe d'huile d'olive
sel et poivre

★★★

Astuce

Pour peler facilement les tomates, entaillez très légèrement leur base, en croix. Plongez-les 1 minute dans de l'eau bouillante. La peau se détache alors toute seule.

1. Pelez les tomates, épépinez-les et taillez-les en dés. Versez-les dans une cocotte contenant l'huile et ajoutez les échalotes hachées, ainsi que la gousse d'ail pressée. Faites revenir 5 minutes à feu modéré.

2. Ajoutez les épinards grossièrement hachés, 1,25 litre d'eau et les cubes de bouillon émiettés. Portez à ébullition et laissez mijoter 5 minutes sur feu doux.

3. Ajoutez les tortellinis et laissez mijoter encore 1 ou 2 minutes (voir l'emballage).

4. Rectifiez l'assaisonnement et servez aussitôt, avec des copeaux de parmesan.

SOUPE ÉPICÉE *aux lentilles*

POUR 4 PERSONNES
PRÉPARATION : 10 MIN
CUISSON : 20 MIN

2 boîtes de lentilles (2 x 240 g, poids net égoutté)
2 carottes
2 côtes de céleri
1 oignon
1 gousse d'ail
coriandre fraîche
2 cubes de bouillon dégraissé
2 cuillerées à café de curry
1 cuillerée à café de paprika piquant, de cumin et de coriandre en poudre
1 cuillerée à café de zeste de citron râpé
4 cuillerées à soupe d'huile d'olive
sel et poivre

1. Hachez l'oignon. Émincez les carottes et le céleri. Faites-les revenir 2 minutes à feu doux dans une cocotte contenant l'huile. Ajoutez la gousse d'ail pressée et les épices, mélangez 2 minutes, puis versez 1 litre d'eau et les cubes de bouillon émiettés. Portez à ébullition, couvrez et laissez mijoter 15 minutes à feu très doux.

2. Versez les lentilles dans une passoire et rincez-les abondamment à l'eau froide. Ajoutez-les dans la soupe, ajoutez le zeste de citron et portez de nouveau à ébullition ; laissez mijoter encore 2 minutes et rectifiez l'assaisonnement.

3. Ajoutez de la coriandre fraîche hachée et servez bien chaud, avec du pain naan.

SOUPE DE HARICOTS BLANCS
à la laitue

POUR 4 PERSONNES
PRÉPARATION : 10 MIN
CUISSON : 10 MIN

1 boîte de haricots blancs (240 g, poids égoutté)
½ laitue
50 g de vermicelles
1 gousse d'ail
2 cubes de bouillon de volaille dégraissé
2 cuillerées à soupe d'huile d'olive
copeaux de parmesan pour servir

★★★

Astuce

Vous pouvez ajouter 100 g de lardons allumette ou de jambon cru taillé en petits dés ; faites-les revenir dès le début, avec l'ail. Dans ce cas, n'utilisez qu'un seul cube de bouillon.

1. Émincez finement la laitue, lavez-la et essorez-la.

2. Faites revenir la gousse d'ail pressée 1 minute à feu doux dans une cocotte contenant l'huile. Ajoutez la laitue, mélangez 2 minutes, puis versez 1 litre d'eau chaude et les cubes de bouillon émiettés. Portez à ébullition.

3. Pendant ce temps, égouttez les haricots blancs et rincez-les longuement à l'eau froide.

4. Versez-les dans la soupe bouillante, de même que les vermicelles. Portez de nouveau à ébullition et laissez mijoter 4 minutes à feu doux.

5. Rectifiez l'assaisonnement et servez aussitôt, avec des copeaux de parmesan.

SOUPE DE POMMES DE TERRE
aux épices et au yaourt

POUR 4 PERSONNES
PRÉPARATION : 10 MIN
CUISSON : 20 MIN

250 g de pommes de terre farineuses (poids net, épluchées)
100 g de petits pois surgelés
1 gros oignon
1 petit piment rouge frais
coriandre fraîche
1 yaourt nature bulgare (125 g)
1 cuillerée à café de mélange d'épices indiennes
1 cuillerée à café rase de cumin
1 cuillerée à café rase de coriandre en poudre
2 cubes de bouillon dégraissé
2 cuillerées à soupe d'huile d'arachide

1. Faites revenir l'oignon finement haché pendant 5 minutes à feu doux dans une cocotte contenant l'huile.

2. Ajoutez le piment finement haché et les épices, mélangez 1 minute, puis ajoutez les pommes de terre taillées en petits dés. Mélangez 1 minute et versez 80 cl d'eau, ainsi que les cubes de bouillon émiettés. Couvrez et portez à ébullition ; laissez mijoter 10 minutes à feu doux.

3. Rincez les petits pois à l'eau très chaude pour les dégeler, ajoutez-les dans la cocotte et poursuivez la cuisson 5 minutes supplémentaires.

4. Ajoutez le yaourt et retirez du feu ; rectifiez l'assaisonnement et servez aussitôt, parsemé de coriandre fraîche hachée. Accompagnez de baguette ou de pain naan.

SOUPE DE PÂTES
aux lardons et aux lentilles

POUR 4 PERSONNES
PRÉPARATION : 10 MIN
CUISSON : 15 MIN

100 g de conchigliette (ou autres petites pâtes)
100 g de lardons allumette fumés
1 boîte de lentilles (240 g, poids égoutté)
2 côtes de céleri vert
1 oignon
1 gousse d'ail
une poignée de feuilles de basilic
1,5 cube de bouillon dégraissé
1 cuillerée à soupe d'huile d'olive
sel et poivre
parmesan pour servir

1. Faites revenir l'oignon finement haché et les lardons à feu doux, dans une cocotte contenant l'huile. Après 5 minutes, ajoutez la gousse d'ail pressée et le céleri émincé ; mélangez 2 minutes, puis versez 1,25 litre d'eau. Ajoutez les cubes de bouillon émiettés et portez à ébullition. Laissez mijoter 5 minutes.

2. Versez les pâtes, portez de nouveau à ébullition et poursuivez la cuisson 5 minutes supplémentaires.

3. Égouttez les lentilles, rincez-les abondamment à l'eau froide et versez-les dans la cocotte. Portez de nouveau à ébullition et poursuivez la cuisson encore 3 minutes.

4. Rectifiez l'assaisonnement, ajoutez le basilic haché et servez bien chaud, avec du parmesan râpé.

BOUILLON EXPRESS
aux vermicelles et aux courgettes

POUR 4 PERSONNES
PRÉPARATION : 5 MIN
CUISSON : 10 MIN

1 courgette (250 à 300 g)
50 g de vermicelles
2 cubes de bouillon de volaille dégraissé
1 cuillerée à soupe rase de curry en poudre
1 cuillerée à soupe d'huile d'olive
sel et poivre

1. Taillez la courgette en petits dés et faites-les revenir 5 minutes à feu doux dans une cocotte contenant l'huile. Saupoudrez de curry, mélangez 30 secondes, puis versez 1 litre d'eau chaude et les cubes de bouillon émiettés.

2. Portez à ébullition et ajoutez les vermicelles. Laissez mijoter 4 minutes.

3. Rectifiez l'assaisonnement et servez bien chaud ; accompagnez de pain croustillant.

CROQUES AU CAMEMBERT, *lardons et pâte de coings*

POUR 4 CROQUES
PRÉPARATION : 10 MIN
CUISSON : 5 MIN

100 g de lardons fumés
4 grandes tranches de pain de campagne
⅔ de camembert bien froid
2 cuillerées à soupe de pâte de coings
quelques cerneaux de noix
beurre
½ cuillerée à soupe d'huile
poivre

★★★

1. Faites rissoler les lardons dans une poêle contenant l'huile.

2. Pendant ce temps, beurrez légèrement les tranches de pain. Retournez-en deux et tartinez-les de pâte de coings. Répartissez-y le camembert taillé en fines tranches, puis les lardons égouttés sur du papier absorbant. Poivrez, ajoutez quelques cerneaux de noix hachés et fermez les croques.

3. Faites dorer à la poêle, sur les 2 faces, à feu modéré.

4. Coupez en deux et servez chaud, avec une salade.

Astuce

La pâte de coings est une spécialité auvergnate qui se marie particulièrement bien avec les fromages. Vous pouvez la confectionner vous-même ou en trouver en épicerie fine.

CROQUES *pizza*

POUR 4 CROQUES
PRÉPARATION : 5 MIN
CUISSON : 5 MIN

4 grandes tranches de pain de mie
2 tranches de jambon cuit
5 tranches de mozzarella
4 tomates cerises
2 bonnes cuillerées à soupe de sauce tomate
origan
garnitures au choix : champignons cuits, olives, légumes grillés, ananas, etc.
huile d'olive

★★★

Astuce

Respectez bien l'ordre de montage : la sauce tomate doit être placée entre le jambon et le fromage pour ne pas imbiber le pain.

1. Badigeonnez très légèrement 2 tranches de pain d'huile d'olive et retournez-les. Garnissez-les de jambon et étalez une bonne cuillerée de sauce tomate par-dessus. Ajoutez les garnitures de votre choix, recouvrez de tranches de mozzarella et parsemez d'origan.

2. Déposez les 2 autres tranches de pain par-dessus et huilez-les légèrement.

3. Faites cuire vos croques comme d'habitude, à la poêle ou dans un gril spécial. Coupez-les en deux en diagonale, piquez une tomate cerise sur chaque triangle et servez bien chaud, avec une salade.

FLAMICHE AU MAROILLES *express*

POUR 3 À 6 PERSONNES
PRÉPARATION : 10 MIN
CUISSON : 25 MIN

1 pâte à pizza épaisse (375 g)
¼ de maroilles (200 g), bien froid
1 œuf à température ambiante
100 g de crème épaisse
poivre

1. Préchauffez le four à 180 °C (th. 6).

2. Déposez la pâte à pizza avec son papier de cuisson dans un grand moule à tarte. Étirez-la un peu en poussant du bout des doigts, de façon qu'elle recouvre tout le fond (il ne faut pas faire de bords comme pour une tarte). Piquez-la quelques fois avec une fourchette.

3. Grattez très légèrement la croûte du maroilles et coupez-le en tranches fines, que vous déposerez au fur et à mesure sur la pâte.

4. Séparez le blanc du jaune d'œuf. Mélangez ce dernier avec la crème. Poivrez généreusement, puis ajoutez le blanc monté en neige. Étalez cette préparation sur le fromage.

5. Faites cuire 25 minutes au four.

6. Servez chaud, en entrée ou comme petit plat, avec une salade.

TARTINES AU HOUMOUS
de thon et aux tomates rôties

POUR 4 PERSONNES
PRÉPARATION : 10 MIN
CUISSON : 10 MIN

1 boîte de thon à l'huile d'olive (220 g, poids égoutté)
2 boîtes de haricots blancs (2 x 240 g, poids égoutté)
400 g de tomates cerises
1 gousse d'ail
pain de campagne
1 petit yaourt nature grec (125 g)
1 cuillerée à soupe de crème de sésame
1 cuillerée à soupe de jus de citron
1 cuillerée à soupe d'huile d'olive
sel et poivre

1. Préchauffez le four à 180 °C (th. 6). Déposez les tomates sur la plaque du four recouverte de papier cuisson, huilez-les et faites-les rôtir 10 minutes.

2. Pendant ce temps, égouttez les haricots blancs et rincez-les longuement à l'eau froide. Versez-les dans un saladier étroit. Ajoutez le thon égoutté, le yaourt, la crème de sésame, le jus de citron et la gousse d'ail pressée. Mixez jusqu'à obtention d'un houmous homogène. Rectifiez l'assaisonnement.

3. Faites griller quelques tranches de pain de campagne coupées en deux. Tartinez-les généreusement de houmous au thon et garnissez-les de tomates rôties.

PIQUE-PATATES

POUR 6 PIÈCES
PRÉPARATION : 10 MIN
CUISSON : 15 MIN
(+ LA CUISSON DES POMMES DE TERRE)

12 fines tranches de lard
100 g de fromage en tranches épaisses (cheddar ou gouda)
12 petites pommes de terre (800 g)
6 tomates cerises

1. Faites cuire les pommes de terre en chemise selon la méthode de votre choix (au micro-ondes, à la vapeur ou à l'eau). Laissez tiédir.

2. Préchauffez le four à 180 °C (th. 6).

3. Taillez les tranches de fromage en 12 tranchettes rectangulaires. Ouvrez les pommes de terre en deux dans la longueur et glissez-y une tranchette de fromage. Enveloppez chaque pomme de terre dans une tranche de lard. Enfilez-les deux par deux sur des piques à brochettes en bois, en laissant l'extrémité libre sur quelques centimètres. Déposez les brochettes sur la plaque du four recouverte de papier cuisson et faites-les dorer 10 minutes au four.

4. Piquez 1 tomate cerise sur chaque brochette et poursuivez la cuisson 5 minutes.

5. Servez chaud, avec une salade.

BURRITOS *au piment*

POUR 4 PERSONNES
PRÉPARATION : 10 MIN
CUISSON : 15 MIN

1 sachet de tortillas ou de wraps (8 pièces)
500 g de steaks d'environ 0,5 cm d'épaisseur
1 boîte de haricots rouges (240 g, poids égoutté)
1 boîte de tomates concassées (400 g)
persil plat ou coriandre hachée
salade
cheddar râpé
guacamole
Tabasco®
crème épaisse
5 cuillerées à soupe d'épices à tacos en sachet
3 cuillerées à soupe d'huile d'olive
sel et poivre

1. Émincez finement les steaks et faites-les revenir à feu vif dans une sauteuse ou un wok contenant l'huile. Quand ils sont rissolés, ajoutez les épices à tacos, mélangez 1 minute, puis versez les tomates.

2. Égouttez les haricots rouges, rincez-les abondamment à l'eau froide, égouttez-les bien et ajoutez-les dans le wok. Laissez mijoter 15 minutes sur feu très doux. Rectifiez l'assaisonnement et ajoutez le persil ou la coriandre.

3. Réchauffez les tortillas entre 2 assiettes, au micro-ondes.

4. Présentez tous les ingrédients séparément à table, pour que chacun prépare ses burritos à son goût.

FLANS AU CAMEMBERT et aux petits pois

POUR 4 PERSONNES
PRÉPARATION : 10 MIN
CUISSON : 25 MIN

3 œufs
1 camembert
200 g de petits pois surgelés
200 g de ricotta
12,5 cl de crème fraîche allégée
sel et poivre

★★★

Astuce

Vous pouvez répartir la préparation dans 6 ramequins individuels, pour obtenir des portions « entrée ».

1. Préchauffez le four à 180 °C (th. 6).

2. Plongez les petits pois dans une casserole d'eau bouillante et comptez 2 minutes de cuisson à la reprise de l'ébullition. Égouttez-les et rincez-les à l'eau froide.

3. Pendant ce temps, mélangez la ricotta et les œufs au fouet, jusqu'à obtention d'une préparation lisse. Ajoutez la crème et les petits pois ; rectifiez l'assaisonnement.

4. Répartissez la préparation dans 4 petits plats à four, puis ajoutez ¼ de camembert coupé en dés sur chaque flan.

5. Déposez-les dans un grand plat ; ajoutez-y de l'eau chaude jusqu'aux deux tiers de la hauteur des petits plats et faites cuire 25 minutes au four.

6. Servez chaud ou tiède, avec une salade.

TARTELETTES FEUILLETÉES
aux tomates cerises et au chèvre

POUR 4 PERSONNES
PRÉPARATION : 10 MIN
CUISSON : 20 MIN

4 carrés de pâte feuilletée
400 g de tomates cerises
1 petite bûche de chèvre frais (120 g)
4 cuillerées à soupe de pignons de pin
4 cuillerées à soupe de tapenade d'olives noires ou vertes
herbes de Provence

1. Préchauffez le four à 180 °C (th. 6) et sortez-en la plaque. Déposez-y les carrés de pâte feuilletée, en les laissant sur leur papier de cuisson. Tartinez-les d'une cuillerée à soupe de tapenade chacun. Rangez les tomates cerises par-dessus.

2. Émiettez le chèvre et répartissez-le sur les tartelettes. Parsemez de pignons de pin et d'herbes de Provence.

3. Faites dorer 20 minutes au four.

4. Servez chaud, avec une petite salade à la roquette. Vous pouvez aussi les déguster froides, lors d'un buffet ou d'un pique-nique.

CASSOLETTES de courgettes au chèvre

POUR 4 PERSONNES
PRÉPARATION : 10 MIN
CUISSON : 15 MIN

2 à 3 courgettes (650 g)
1 bûche de chèvre (200 g)
2 cuillerées à soupe de pignons de pin
basilic frais
½ cuillerée à soupe d'herbes de Provence
2 cuillerées à soupe d'huile d'olive
sel et poivre

1. Taillez les courgettes en petits dés, parsemez-les d'herbes de Provence et faites-les revenir quelques minutes à feu vif, dans une grande poêle contenant l'huile, en mélangeant souvent. Veillez à les garder un peu croquantes.

2. Préchauffez le gril du four.

3. Assaisonnez les courgettes, ajoutez du basilic haché et répartissez-les dans 4 cassolettes. Taillez le chèvre en 12 rondelles et déposez-les sur les courgettes. Parsemez de pignons de pin (veillez à ce qu'il n'y en ait pas sur le fromage).

4. Passez les cassolettes 2 minutes environ sous le gril bien chaud, en surveillant.

5. Servez aussitôt, en entrée, avec du pain croustillant.

PETITS FEUILLETÉS *au chèvre et au saumon fumé*

POUR 4 PERSONNES
PRÉPARATION : 10 MIN
CUISSON : 15 MIN

4 tranches de saumon fumé
4 carrés de pâte feuilletée
1 petite bûche de chèvre frais (120 g)
1 oignon rouge
1 œuf
1 cuillerée à café d'herbes de Provence
ciboulette pour décorer
poivre

1. Préchauffez le four à 180 °C (th. 6) et sortez-en la grille.

2. Laissez les carrés de pâte feuilletée sur leur papier de cuisson et badigeonnez-les entièrement avec l'œuf battu. Garnissez-les avec l'oignon rouge émincé, en laissant les bords libres. Parsemez le chèvre émietté par-dessus, poivrez et parsemez d'herbes de Provence.

3. Déposez les tartelettes avec leur papier de cuisson sur la grille du four et faites-les cuire 15 minutes.

4. Garnissez-les d'une tranche de saumon chacune, dès leur sortie du four. Décorez d'un peu de ciboulette et servez aussitôt, en entrée, avec une petite salade.

OMELETTE
aux champignons et au cheddar

POUR 2 PERSONNES
PRÉPARATION : 10 MIN
CUISSON : 10 MIN

6 œufs
250 g de champignons de Paris
50 g de cheddar orange
1 petit oignon rouge (ou ½)
persil haché
2 cuillerées à soupe de lait
2 cuillerées à soupe d'huile d'olive
sel et poivre

1. Taillez le fromage en copeaux.

2. Faites revenir les champignons émincés et l'oignon haché dans une poêle contenant l'huile, jusqu'à ce qu'ils soient légèrement dorés.

3. Battez les œufs avec le lait, du sel et du poivre. Versez dans la poêle et faites prendre à feu modéré, selon vos goûts.

4. Parsemez avec les copeaux de cheddar et le persil, retirez du feu et couvrez. Laissez reposer 1 minute, puis servez aussitôt, avec une salade et du pain.

SPAGHETTIS aux lentilles

POUR 4 PERSONNES
PRÉPARATION : 10 MIN
CUISSON : 20 MIN

400 g de spaghettis
1 boîte de lentilles (240 g, poids égoutté)
1 boîte de tomates concassées (400 g)
250 g de tomates cerises
1 oignon
1 cuillerée à soupe rase d'herbes de Provence
basilic
piment de Cayenne
4 cuillerées à soupe d'huile d'olive
sel et poivre
parmesan pour accompagner

1. Faites revenir l'oignon haché 2 minutes à feu doux dans une cocote contenant l'huile ; parsemez d'herbes de Provence et de piment de Cayenne, mélangez 1 minute, puis ajoutez les tomates concassées et 12 cl d'eau. Laissez mijoter 15 minutes à feu très doux.

2. Égouttez les lentilles, rincez-les longuement à l'eau froide et ajoutez-les dans la sauce. Ajoutez également les tomates cerises coupées en deux. Laissez mijoter 5 minutes supplémentaires. Rectifiez l'assaisonnement.

3. Servez avec les pâtes que vous aurez fait cuire *al dente* et parsemez de feuilles de basilic. Accompagnez de parmesan râpé.

SPAGHETTIS AUX OIGNONS, *aux petits pois et à la sauge*

POUR 4 PERSONNES
PRÉPARATION : 10 MIN
CUISSON : 20 MIN

400 g de spaghettis
250 g de petits pois surgelés
2 gros oignons
2 cuillerées à soupe de feuilles de sauge hachées
1 cuillerée à soupe de vinaigre balsamique
5 cl d'huile d'olive
sel et poivre
parmesan fraîchement râpé pour servir

1. Faites revenir 2 minutes les oignons émincés dans une sauteuse ou un wok contenant l'huile. Couvrez et laissez suer 10 minutes à feu doux.

2. Pendant ce temps, portez une grande casserole d'eau salée à ébullition. Plongez-y les petits pois et, quand l'eau bout à nouveau, ajoutez les spaghettis ; faites-les cuire en respectant le temps donné sur l'emballage pour qu'ils soient *al dente*.

3. Retirez le couvercle de la sauteuse contenant les oignons, ajoutez la sauge et faites revenir à feu vif en mélangeant souvent, jusqu'à ce que l'ensemble soit doré. Ajoutez le vinaigre balsamique et mélangez 1 minute ; salez, poivrez et retirez du feu.

4. Versez les petits pois et les spaghettis bien égouttés dans la sauteuse, mélangez bien et rectifiez l'assaisonnement.

5. Servez sans attendre, avec du parmesan fraîchement râpé.

LINGUINE AU CHORIZO
et aux champignons

POUR 4 PERSONNES
PRÉPARATION : 15 MIN
CUISSON : 10 MIN

300 g de linguine frais *paglia e fieno* (nature et aux épinards)
100 g de chorizo piquant
250 g de champignons
50 g d'olives noires dénoyautées
persil plat haché
3 cuillerées à soupe d'huile d'olive
sel et poivre
manchego ou parmesan pour servir

1. Portez une grande casserole d'eau salée à ébullition et plongez-y les pâtes ; faites-les cuire *al dente* et égouttez-les.

2. Pendant ce temps, faites revenir les champignons émincés et le chorizo grossièrement haché dans une grande poêle contenant l'huile, jusqu'à ce qu'ils soient rissolés. Ajoutez les olives taillées en rondelles et le persil ; mélangez 1 minute et rectifiez l'assaisonnement.

3. Versez les pâtes égouttées dans la poêle, mélangez bien et servez aussitôt, avec du manchego ou du parmesan râpé.

GNOCCHIS à la carbonara

POUR 4 À 6 PERSONNES
PRÉPARATION : 10 MIN
CUISSON : 15 MIN

1 kg de gnocchis frais
250 g de lardons fumés
1 œuf
120 g de petits pois surgelés
copeaux de parmesan
25 cl de crème fraîche allégée
1 cuillerée à soupe d'huile d'olive
sel et poivre

1. Versez les petits pois dans une grande casserole remplie d'eau et portez à ébullition.

2. Pendant ce temps, faites revenir les lardons dans une sauteuse contenant l'huile. Débutez la cuisson à feu doux, puis augmentez la flamme quand le gras commence à fondre. Faites-les bien rissoler.

3. Versez les gnocchis dans l'eau bouillante et maintenez l'ébullition jusqu'à ce qu'ils remontent à la surface. Égouttez-les soigneusement et remettez-les dans la casserole.

4. Ajoutez les lardons bien égouttés et l'œuf préalablement battu avec la crème. Faites chauffer à feu modéré, en mélangeant énergiquement, jusqu'à ce que tout soit bien chaud. Rectifiez l'assaisonnement.

5. Servez aussitôt, avec des copeaux de parmesan.

PILAF MINUTE
aux scampis et à la mangue

POUR 4 PERSONNES
PRÉPARATION : 10 MIN
CUISSON : 20 MIN

500 g de petits scampis
200 g de riz basmati
½ mangue, pas trop mûre
1 oignon
persil plat (ou coriandre) haché
1 cuillerée à soupe rase de curry
1 cube de bouillon dégraissé (volaille ou poisson)
5 cl de crème fraîche
3 cuillerées à soupe d'huile d'olive
sel et poivre

1. Laissez préalablement décongeler les scampis.

2. Taillez la chair de la demi-mangue en dés. Faites-les revenir à feu modéré avec l'oignon haché dans une cocotte contenant 2 cuillerées à soupe d'huile.

3. Après 3 minutes, saupoudrez de curry et mélangez 30 secondes. Versez le riz en pluie, mélangez 1 minute et ajoutez 55 cl d'eau. Ajoutez le cube de bouillon émietté et portez à ébullition. Couvrez et laissez mijoter 10 minutes sur feu très doux.

4. Pendant ce temps, décortiquez les scampis et faites-les revenir quelques minutes à feu vif dans une poêle anti-adhésive contenant 1 cuillerée à soupe d'huile.

5. Ajoutez-les dans la cocotte dès qu'ils sont devenus roses. Versez la crème dans la poêle, grattez bien les sucs et versez sur le riz. Laissez mijoter encore 2 minutes et rectifiez l'assaisonnement.

6. Servez sans attendre, parsemé de persil plat haché (ou de coriandre).

HARICOTS BLANCS
à la tomate et aux lardons

POUR 4 PERSONNES
PRÉPARATION : 10 MIN
CUISSON : 25 MIN

2 boîtes de haricots blancs (2 x 240 g, poids égoutté)
200 g de lardons fumés
8 Knacki® ou 8 petites chipolatas
2 boîtes de tomates concassées (2 x 400 g)
1 oignon
1 cuillerée à café de thym séché
piment en poudre
1 cuillerée à café rase de sucre semoule
1 cuillerée à soupe d'huile d'olive
sel et poivre

1. Faites revenir les lardons et l'oignon haché dans une cocotte contenant l'huile. Débutez la cuisson à feu doux, puis augmentez la flamme quand le gras commence à fondre. Après 5 minutes, parsemez de thym et d'un peu de piment, selon vos goûts. Ajoutez les tomates et le sucre ; laissez mijoter 15 minutes sur feu très doux.

2. Si vous avez opté pour des chipolatas, faites-les cuire à la poêle pendant ce temps-là.

3. Égouttez les haricots blancs et rincez-les abondamment à l'eau froide. Égouttez-les à nouveau et ajoutez-les dans la cocotte, ainsi que les Knacki® (ou les chipolatas) taillées en rondelles. Laissez mijoter encore 5 minutes.

4. Rectifiez l'assaisonnement (attention : les Knacki® et le lard sont déjà bien salés) et servez bien chaud, éventuellement parsemé de persil haché. Accompagnez de baguette croustillante.

MÉDAILLONS DE PORC
aux pommes et au sirop d'érable

POUR 4 PERSONNES
PRÉPARATION : 10 MIN
CUISSON : 15 MIN

800 g de médaillons de porc
1 grosse pomme
4 cuillerées à soupe de sirop d'érable
une noix de beurre
1 cuillerée à soupe d'huile d'olive
sel et poivre

1. Préchauffez le four à 180 °C (th. 6).

2. Faites dorer rapidement les médaillons sur les 2 faces, à feu vif, dans une poêle chaude contenant le beurre et l'huile. Salez et poivrez.

3. Épluchez la pomme et taillez-la en petits dés.

4. Déposez les médaillons dans un plat à four et recouvrez-les de dés de pomme. Arrosez avec le sirop d'érable et faites cuire 15 minutes au four.

5. Servez chaud, avec un écrasé de pommes de terre à l'huile d'olive et une salade de mâche.

ROSBIF AU WASABI, *salade croquante*

POUR 4 PERSONNES
PRÉPARATION : 10 MIN

600 g de tranches de rosbif froid
4 poignées de mâche
⅔ de concombre
4 cuillerées à soupe de cerneaux de noix
1 petit bouquet de ciboulette
1 à 2 cuillerées à soupe de wasabi en tube
50 g de mayonnaise
1 yaourt nature bulgare (125 g)
sel et poivre

1. Mélangez le wasabi et la mayonnaise, puis ajoutez le yaourt et la ciboulette hachée. Rectifiez l'assaisonnement.

2. Taillez le concombre non épluché en petits dés. Hachez grossièrement les noix.

3. Disposez les tranches de rosbif sur les assiettes de service, ajoutez la mâche, le concombre et les noix. Poivrez légèrement et servez aussitôt, en présentant la sauce à part.

STEAKS AU POIVRE
à la dijonnaise

POUR 4 PERSONNES
PRÉPARATION : 5 MIN
CUISSON : 8 MIN

4 steaks au choix
2 cuillerées à soupe de poivre noir concassé
5 cl de cognac
1 ou 2 cuillerées à soupe de moutarde de Dijon
25 cl de crème fraîche allégée
huile ou beurre fondu
sel et poivre

1. Sortez les steaks du réfrigérateur au moins 30 minutes à l'avance.

2. Déposez-les dans une grande assiette, parsemez-les d'une cuillerée à soupe de poivre, appuyez un peu pour le faire adhérer, retournez les steaks et répétez l'opération. Badigeonnez-les d'huile ou de beurre.

3. Faites chauffer une poêle anti-adhésive à sec, à feu vif. Quand elle est bien chaude, déposez-y les steaks et faites-les griller 1 minute par face. Baissez le feu et poursuivez la cuisson selon vos goûts et l'épaisseur de la viande.

4. Transférez les steaks dans une assiette et versez le cognac dans la poêle, hors du feu. Grattez les sucs, puis ajoutez la crème et la moutarde. Faites chauffer doucement et laissez mijoter 2 minutes. Déposez les steaks dans la sauce et laissez mijoter encore 1 minute.

5. Rectifiez l'assaisonnement et servez aussitôt. Accompagnez de frites, d'une salade ou de pommes de terre en chemise et de haricots verts.

HAMBURGERS *tartare*

POUR 4 PIÈCES
PRÉPARATION : 10 MIN
CUISSON : 3 MIN

4 petits pains buns
400 g de bœuf haché
3 filets d'anchois
1 jaune d'œuf
1 échalote
3 petits cornichons
2 cuillerées à café de câpres
1 cuillerée à café de moutarde
1 cuillerée à soupe de persil haché
1 cuillerée à soupe de roquette
1 cuillerée à soupe de moutarde
1 cuillerée à soupe de ketchup
quelques rondelles de tomate
Tabasco®
sauce Worcestershire
1 cuillerée à soupe d'huile d'olive
sel et poivre

1. Hachez finement les anchois, l'échalote et les cornichons. Versez-les dans un saladier avec la viande, le jaune d'œuf, les câpres, la moutarde, le persil, du sel, du poivre, du Tabasco® et de la sauce Worcestershire, selon vos goûts. Malaxez jusqu'à obtention d'un mélange homogène.

2. Divisez la préparation en quatre et formez des steaks ; badigeonnez-les d'un peu d'huile d'olive.

3. Faites chauffer une poêle anti-adhésive à sec, à feu vif. Quand elle est bien chaude, faites-y griller les steaks 1 minute 30 par face.

4. Réchauffez les buns, tartinez-les de moutarde et de ketchup. Garnissez-les avec les steaks, la roquette et les rondelles de tomate. Servez aussitôt.

MÉDAILLONS DE PORC *gratinés au romarin*

POUR 4 PERSONNES
PRÉPARATION : 10 MIN
CUISSON : 10 MIN

600 à 700 g de médaillons de porc
1 ou 2 branches de romarin frais
50 g de tomates semi-séchées à l'huile (poids égoutté)
3 ou 4 cuillerées à soupe de parmesan fraîchement râpé
1 gousse d'ail
1 cuillerée à soupe d'huile d'olive
une noix de beurre
sel et poivre

1. Préchauffez le gril du four.

2. Faites dorer rapidement les médaillons à feu vif, sur les deux faces, dans une grande poêle contenant l'huile et le beurre chauds. Assaisonnez-les et disposez-les dans un plat à four

3. Hachez grossièrement les tomates. Mélangez-les avec la gousse d'ail pressée et le romarin finement haché. Répartissez sur les médaillons et parsemez de parmesan.

4. Faites gratiner quelques minutes sous le gril du four.

5. Servez bien chaud, avec des pâtes fraîches et des dés d'aubergines poêlés.

PAUPIETTES DE POULET
au lard et à l'estragon

POUR 4 PERSONNES
PRÉPARATION : 10 MIN
CUISSON : 15 MIN

4 filets de poulet
16 fines tranches de lard
8 petits brins d'estragon
4 cuillerées à café de moutarde à l'ancienne
1 cuillerée à soupe d'huile d'olive
poivre

1. À l'aide d'un couteau bien aiguisé, taillez les filets en 2 escalopes chacun. Badigeonnez-les de moutarde à l'ancienne, ajoutez un brin d'estragon et pliez-les en deux.

2. Enveloppez chaque paupiette dans 2 tranches de lard. Faites-les dorer 15 minutes à feu doux dans une grande poêle contenant l'huile, en les retournant à mi-cuisson.

3. Poivrez et servez bien chaud, avec une purée de légumes.

PILONS DE POULET
aux tomates cerises

POUR 4 PERSONNES
PRÉPARATION : 10 MIN
CUISSON : 40 MIN

1,2 kg de pilons de poulet
500 g de tomates cerises
4 gousses d'ail
une poignée de feuilles de basilic
piment d'Espelette
15 cl de bouillon de volaille (eau + ½ cube)
1 cuillerée à soupe de vinaigre de vin
1 cuillerée à soupe d'huile d'olive
sel et poivre

1. Préchauffez le four à 180 °C (th. 6).

2. Disposez les pilons dans un plat à four pouvant les contenir tout juste. Arrosez-les avec le bouillon, puis ajoutez les gousses d'ail pelées et émincées. Ajoutez également les tomates cerises.

3. Assaisonnez légèrement et saupoudrez de piment d'Espelette. Arrosez avec le vinaigre et l'huile, puis enfournez.

4. Faites cuire 40 minutes au four, en retournant les pilons après 20 minutes.

5. Parsemez de basilic haché et servez aussitôt, avec une salade et des pâtes ou un écrasé de pommes de terre à l'huile d'olive.

ÉMINCÉ DE POULET
à l'ananas et au curry

POUR 4 PERSONNES
PRÉPARATION : 10 MIN
CUISSON : 20 MIN

4 filets de poulet
2 petites boîtes d'ananas au jus (2 x 225 g)
2 échalotes
coriandre fraîche hachée
1 cuillerée à soupe rase de curry en poudre
20 cl de crème fraîche
2 noix de beurre
1 cuillerée à soupe d'huile
sel et poivre

★★★

Astuce

N'utilisez pas d'ananas au sirop pour cette recette, le résultat serait trop sucré.

1. Émincez le poulet et hachez finement les échalotes. Faites-les revenir à feu vif dans une sauteuse contenant une noix de beurre et l'huile, jusqu'à ce que le poulet soit bien doré. Baissez le feu, saupoudrez de curry et mélangez 1 minute. Salez et poivrez.

2. Arrosez avec le jus des boîtes d'ananas et grattez les sucs. Faites réduire un peu, puis ajoutez la crème. Laissez mijoter 5 minutes à feu doux.

3. Pendant ce temps, faites dorer à feu vif les rondelles d'ananas dans une poêle contenant une noix de beurre.

4. Rectifiez l'assaisonnement de la sauce au curry et ajoutez la coriandre. Servez le tout bien chaud, accompagné de riz basmati.

FILETS DE POULET
au miel et à l'orange

POUR 4 PERSONNES
PRÉPARATION : 10 MIN
CUISSON : 15 MIN

4 filets de poulet
1 orange
un petit morceau de gingembre frais
4 cuillerées à soupe de miel liquide
2 cuillerées à soupe d'huile d'olive
sel et poivre

★★★

1. Faites dorer les filets de poulet 10 minutes à feu modéré, sur les deux faces, dans une poêle contenant l'huile (ou au barbecue, grille en position haute).

2. Pendant ce temps, râpez le gingembre et versez-le dans une petite casserole. Ajoutez 4 cuillerées à soupe de jus d'orange et le miel ; faites chauffer doucement, jusqu'à parfaite dissolution du miel.

3. Versez sur les filets de poulet et faites-les revenir encore quelques minutes, le temps qu'ils deviennent bien dorés. Pour une cuisson au barbecue, badigeonnez les filets à plusieurs reprises, jusqu'à ce qu'ils soient bien caramélisés.

4. Salez, poivrez et servez chaud ou froid, avec une salade et des quartiers d'orange.

Astuce
Si vos filets de poulet sont très gros, entaillez-les quelques fois dans la partie la plus épaisse avant de les cuire.

MAGRETS DE CANARD *aux myrtilles*

POUR 4 PERSONNES
PRÉPARATION : 10 MIN
CUISSON : 20 MIN

3 magrets de canard
125 g de myrtilles
100 g de sucre semoule
12 cl de vin rouge
1 branche de thym frais
sel et poivre

1. Sortez les magrets du réfrigérateur 30 minutes à l'avance.

2. Versez les myrtilles, le sucre et 2 cuillerées à soupe d'eau dans une petite casserole. Portez à ébullition et laissez mijoter 10 minutes.

3. Ajoutez alors le vin et le thym, puis laissez mijoter doucement 10 minutes.

4. Pendant ce temps, entaillez la peau des magrets en formant des croisillons. Déposez-les, peau vers le bas, dans une grande poêle anti-adhésive. Faites dorer à feu modéré, en vidant de temps en temps le gras rendu. Retournez-les et poursuivez la cuisson. Selon leur épaisseur, comptez 8 à 10 minutes de cuisson en tout : les magrets doivent être rosés et non saignants. Salez et poivrez en fin de cuisson.

5. Laissez reposer les magrets 2 minutes avant de les découper en tranches.

6. Servez bien chaud, avec la sauce. Accompagnez d'une salade de cresson et de mini-röstis.

DÉS DE SAUMON
au concombre et au poivre vert

POUR 4 PERSONNES
PRÉPARATION : 10 MIN
CUISSON : 10 MIN

600 g de filets de saumon
1 concombre
2 cuillerées à soupe de ciboulette hachée
2 cuillerées à soupe de poivre vert égoutté
5 cl de vin blanc sec
25 cl de crème fraîche allégée
2 cuillerées à soupe d'huile d'olive
sel et poivre

1. Taillez le saumon en dés. Coupez le concombre en deux dans la longueur, retirez les graines à l'aide d'une cuillère parisienne et taillez-le en tranches.

2. Faites revenir le tout 2 minutes à feu vif dans une sauteuse ou un wok contenant l'huile. Ajoutez le vin blanc, faites réduire presque entièrement à feu vif, puis versez la crème et le poivre vert. Laissez mijoter 2 minutes, ajoutez la ciboulette et rectifiez l'assaisonnement.

3. Servez aussitôt, accompagné de riz basmati.

PAPILLOTES DE SAUMON *à la grecque*

POUR 4 PERSONNES
PRÉPARATION : 10 MIN
CUISSON : 15 MIN

4 portions de filet de saumon (d'environ 150 g chacun)
1 bloc de feta (200 g)
4 tomates
12 olives noires dénoyautées
aneth et/ou menthe fraîche
4 cuillerées à soupe d'huile d'olive
sel et poivre

1. Coupez 4 grands rectangles de papier cuisson ou de papier d'aluminium. Pliez-les en deux pour obtenir des carrés.

2. Déposez un morceau de saumon au centre de chacun d'eux. Répartissez-y la feta taillée en petits dés, les tomates épépinées et coupées en gros morceaux, les olives coupées en deux, ainsi que les herbes grossièrement hachées. Arrosez chaque tas d'une cuillerée à soupe d'huile, poivrez et salez très légèrement (à cause de la feta et des olives).

3. Fermez les papillotes et faites-les cuire 15 minutes au four (préchauffé à 180 °C – th. 6) ou au barbecue.

4. Servez chaud, avec du pain ou des petites pâtes grecques. Complétez avec une bonne salade de concombre.

SAUMON GRILLÉ MARINÉ
et nouilles sautées aux légumes

POUR 4 PERSONNES
PRÉPARATION : 10 MIN
CUISSON : 15 MIN
MARINADE : 30 MIN

4 portions de filet de saumon (150 g/pièce)
250 g de nouilles ou de linguine
1 sachet de légumes émincés pour wok (400 g)
4 cuillerées à soupe de sauce soja
4 cuillerées à soupe de saké ou de xérès sec
1 cuillerée à soupe de cassonade blonde
1 cuillerée à soupe d'huile de sésame grillé
4 cuillerées à soupe d'huile d'arachide
poivre

1. Mélangez la sauce soja, le saké, 2 cuillerées à soupe d'huile d'arachide et la cassonade dans un plat. Ajoutez les portions de saumon, enrobez-les bien de marinade, couvrez et laissez reposer 30 minutes à température ambiante.

2. Faites cuire les nouilles en respectant le temps de cuisson donné sur l'emballage.

3. Faites revenir quelques minutes les légumes dans un wok contenant 2 cuillerées à soupe d'huile d'arachide. Ajoutez ensuite les nouilles égouttées, la marinade du saumon et l'huile de sésame. Continuez à mélangez régulièrement.

4. Pendant ce temps, faites chauffer une poêle anti-adhésive à sec. Quand elle est bien chaude, déposez-y les filets de saumon et faites-les griller 1 minute par face. Poursuivez éventuellement un peu la cuisson à feu doux, mais pas trop longtemps, pour que le saumon reste moelleux.

5. Rectifiez l'assaisonnement des nouilles (ajoutez de la sauce soja si nécessaire) et servez aussitôt, avec le saumon.

CABILLAUD AU FOUR
au beurre d'ail

POUR 4 PERSONNES
PRÉPARATION : 10 MIN
CUISSON : 15 À 20 MIN

600 à 800 g de cœur de filet de cabillaud
½ citron
quelques branches de thym
persil plat haché (facultatif)
5 cl de vin blanc sec
50 g de beurre à l'ail et aux fines herbes
1 cuillerée à soupe d'huile d'olive
sel et poivre

1. Préchauffez le four à 180 °C (th. 6).

2. Coupez le poisson en portions et déposez-les dans un plat à four huilé. Ajoutez le demi-citron coupé en tranches et arrosez avec le vin blanc. Placez une rondelle de beurre aux herbes sur chaque part de poisson et parsemez de thym. Assaisonnez très légèrement.

3. Faites cuire 15 à 20 minutes au four (selon la grosseur des morceaux de poisson).

4. Parsemez éventuellement de persil haché et servez aussitôt. Accompagnez d'une ratatouille.

PAPILLOTES DE POISSON
à la chinoise

POUR 4 PERSONNES
PRÉPARATION : 10 MIN
CUISSON : 15 MIN

4 filets (600 g) de poisson au choix : sébaste, bar, panga...
150 g de germes de soja
1 poivron rouge
½ botte de ciboules
2 gousses d'ail
4 cuillerées à soupe de xérès doux
4 cuillerées à soupe de sauce soja
4 cuillerées à soupe d'huile
sel et poivre

***

Astuce

Vous pouvez aussi cuire vos papillotes au four, préchauffé à 180 °C (th. 6).

1. Émincez très finement le poivron et hachez les ciboules. Mélangez-les avec le soja et ajoutez les gousses d'ail pressées.

2. Prenez 4 grandes feuilles de papier cuisson ou d'aluminium et pliez-les en deux pour obtenir des carrés. Répartissez les légumes au centre. Arrosez chaque tas avec une cuillerée à soupe de xérès doux, 1 cuillerée à soupe de sauce soja et 1 cuillerée à soupe d'huile. Déposez les filets de poisson par-dessus, assaisonnez-les et refermez les papillotes.

3. Faites-les cuire 15 minutes au barbecue (grille en position haute).

DÉLICE DE FRAISES *au moscatel*

POUR 4 PERSONNES
PRÉPARATION : 10 MIN
CUISSON : 10 MIN

250 g de fraises un peu fermes
4 tranches de cake nature (d'environ 60 g chacune)
25 cl de moscatel
75 g de sucre semoule
1 cuillerée à soupe de sucre glace
15 cl de crème fraîche

1. Versez le moscatel et le sucre semoule dans une petite casserole. Portez à ébullition et laissez mijoter 10 minutes.

2. Coupez les fraises en morceaux et versez-les dans le sirop, hors du feu. Transférez dans un saladier et laissez refroidir.

3. Montez la crème fraîche en chantilly et ajoutez-lui le sucre glace.

4. Déposez une demi-tranche de cake dans chaque assiette et recouvrez-les de fraises. Nappez de sirop et ajoutez un peu de chantilly. Déposez les 4 autres demi-tranches de cake par-dessus, recouvrez-les de chantilly et décorez avec les fraises restantes. Ajoutez un peu de sirop et servez.

MOUSSE choco-noisette

POUR 4 PERSONNES
PRÉPARATION : 10 MIN

100 g de chocolat au lait aux éclats de noisettes
100 g de pâte à tartiner aux noisettes
20 cl de crème fraîche
copeaux et/ou vermicelles pour décorer (facultatif)

★★★

Astuce

Pour monter facilement la crème en chantilly, utilisez un saladier et des fouets que vous aurez placés 30 minutes à l'avance au réfrigérateur.

1. Cassez le chocolat en morceaux et faites-le fondre au bain-marie ou au micro-ondes (2 minutes à 600 watts). Ajoutez la pâte à tartiner et mélangez bien.

2. Montez la crème fraîche en chantilly bien ferme et ajoutez-lui le mélange de chocolats. Mélangez un peu au fouet électrique, à petite vitesse, puis à la spatule, jusqu'à obtention d'une préparation homogène.

3. Versez dans des verres ou des coupes, couvrez et laissez prendre quelques heures au réfrigérateur.

4. Servez frais, éventuellement décoré de quelques copeaux et/ou vermicelles.

MERVEILLEUX au verre

POUR 6 PERSONNES
PRÉPARATION : 10 MIN

100 g de petites meringues
80 g de copeaux de chocolat (ou de chocolat noir râpé)
3 cerises confites ou au marasquin
20 cl de crème fraîche

***

Astuce

Vous pouvez hacher les meringues et monter la crème en chantilly à l'avance, mais ne faites le mélange qu'au moment de servir : les meringues fondent petit à petit dans la crème et perdent ainsi leur croquant.

1. Montez la crème fraîche en chantilly (utilisez un saladier que vous aurez fait refroidir 30 minutes au réfrigérateur, avec les fouets, ce sera beaucoup plus facile).

2. Ajoutez les meringues grossièrement hachées et les trois quarts des copeaux de chocolat. Mélangez et répartissez dans des verres. Parsemez le restant des copeaux de chocolat, ajoutez ½ cerise et servez.

SANDWICHS glacés

POUR 8 PIÈCES
PRÉPARATION : 10 MIN
(+ CONGÉLATION)

1 litre de glace vanille (ou autre parfum au choix)
16 biscuits ronds Digestive®
50 g de chocolat à pâtisser

★★★

1. Râpez le chocolat dans une assiette.
2. Disposez 8 biscuits retournés devant vous et déposez une grosse boule de glace sur chacun. Recouvrez avec un second biscuit et pressez légèrement pour que la glace arrive jusqu'aux bords. Lissez avec une spatule et faites rouler les côtés dans le chocolat.
3. Mettez aussitôt au congélateur et laissez durcir.

Astuce

Faites-vous aider pour réaliser les 8 sandwichs car il faut être très rapide pour que la glace ne se mette pas à couler. À défaut, procédez en deux fois.

DIGESTIVE
BISCUITS
WHEATMEAL

CROQUES
aux fruits rouges, miel et ricotta

POUR 2 À 4 PERSONNES
PRÉPARATION : 10 MIN
CUISSON : 5 MIN

8 petites tranches de pain au lait ou de brioche
125 g de ricotta (½ pot)
125 g de fruits rouges au choix
4 cuillerées à café de miel
beurre

1. Beurrez très légèrement les tranches de pain et retournez-en quatre.

2. Tartinez-les généreusement de ricotta et répartissez-y les fruits rouges (coupés en petits morceaux si nécessaire). Arrosez de miel et fermez les croques.

3. Faites dorer à la poêle, à feu modéré, sur les deux faces.

4. Servez tiède, au petit déjeuner, au goûter ou en dessert.

PETITS FLANS MINUTE
à la noix de coco

POUR 6 PERSONNES
PRÉPARATION : 10 MIN
CUISSON : 25 MIN

4 œufs
40 cl de lait de coco (en briquette)
1 boîte de lait concentré sucré (397 g)
2 cuillerées à soupe de noix de coco râpée

1. Préchauffez le four à 180 °C (th. 6). Déposez 6 petits ramequins individuels dans un plat à four.

2. Mélangez au fouet le lait de coco, le lait concentré sucré et les œufs, jusqu'à obtention d'une crème homogène.

3. Répartissez dans les ramequins et versez de l'eau chaude dans le plat, jusqu'aux deux tiers de la hauteur des ramequins.

4. Faites cuire 25 minutes au four, puis laissez refroidir complètement.

5. Servez frais, parsemé de noix de coco râpée.

PAPILLOTES de pêches blanches et framboises

POUR 4 PERSONNES
PRÉPARATION : 10 MIN
CUISSON : 10 MIN

4 grosses pêches ou nectarines blanches, bien mûres
125 g de framboises
menthe fraîche
gingembre en poudre ou quatre-épices (facultatif)
4 cuillerées à soupe de miel

★★★

Astuce

Pour une cuisson au barbecue, confectionnez des papillotes avec une feuille de papier cuisson posée sur une feuille de papier d'aluminium.

1. Préchauffez le four à 180 °C (th. 6) ou allumez le barbecue.

2. Pelez les pêches et coupez-les en morceaux. Déposez-les au fur et à mesure sur 4 carrés de papier cuisson (double épaisseur). Répartissez les framboises par-dessus et arrosez chaque tas d'une cuillerée à soupe de miel. Selon vos goûts, vous pouvez ajouter une pointe de gingembre en poudre ou de quatre-épices.

3. Fermez les papillotes et faites-les cuire 10 minutes au four ou au barbecue (grille en position haute ou dans les braises si elles ne rougeoient plus). Ajoutez la menthe et servez chaud ou tiède. Complétez éventuellement d'une boule de glace vanille.

En 10 à 15 MINUTES

GAZPACHO vert

POUR 4 À 8 PERSONNES
PRÉPARATION : 15 MIN

2 concombres
1 avocat à point
1 petit poivron vert
1 citron jaune
1 citron vert
3 brins de menthe
2 ciboules
Tabasco® vert
1 à 2 cuillerées à soupe de vinaigre de Xérès
5 cl d'huile d'olive
sel et poivre

★★★

Astuce

Vous pouvez compléter votre gazpacho avec quelques belles crevettes roses et du pain croustillant.

1. Taillez les concombres (non épluchés) en dés, puis mettez-les dans un récipient haut et pas trop large. Ajoutez le jus des 2 citrons (le vert et le jaune) ainsi que la chair de l'avocat taillée en dés. Ajoutez également le poivron épépiné et coupé en morceaux, ainsi que les ciboules hachées (le blanc + la moitié du vert) et les feuilles de menthe.

2. Versez par-dessus 15 cl d'eau glacée, l'huile, le vinaigre, du Tabasco® vert selon vos goûts, du sel et du poivre.

3. Mixez longuement, jusqu'à obtention d'un gazpacho homogène. Rectifiez l'assaisonnement, couvrez et mettez au réfrigérateur jusqu'au moment de servir.

4. Servez bien frais (ajoutez des glaçons si nécessaire), en entrée ou comme amuse-bouche, dans de petits verres. Parsemez le restant de ciboule hachée.

BOUILLON PIMENTÉ
au poulet et à l'avocat

POUR 4 PERSONNES
PRÉPARATION : 15 MIN
CUISSON : 15 MIN

150 à 200 g de filet de poulet (ou un restant de poulet rôti)
1 avocat mûr à point
½ botte de ciboules
1 piment rouge frais
1 citron vert
1 gousse d'ail
coriandre fraîche
2 cubes de bouillon de volaille dégraissé
1 cuillerée à soupe d'huile d'olive
sel et poivre

1. Entaillez le blanc de poulet dans sa partie la plus épaisse et faites-le cuire 10 minutes à feu moyen dans une cocotte avec 1 cuillerée à soupe d'huile, à couvert ; retournez-le de temps en temps.

2. Pendant ce temps, émincez les ciboules (le blanc + deux tiers du vert) et le piment. Épluchez la gousse d'ail ; réservez.

3. Coupez l'avocat en deux, dénoyautez-le et pelez-le. Taillez-le en dés et arrosez-les avec le jus du citron vert ; mélangez bien. Répartissez dans 4 bols.

4. Quand le poulet est cuit, retirez-le de la cocotte et faites revenir à sa place, sur feu doux, les ciboules, le piment et la gousse d'ail pressée. Après 2 minutes, ajoutez 1 litre d'eau et les cubes de bouillon émiettés. Portez à ébullition.

5. Pendant ce temps, hachez grossièrement le poulet et répartissez dans les bols. Versez le bouillon bouillant par-dessus, parsemez de coriandre hachée et servez aussitôt.

ŒUFS COCOTTE
aux champignons, chips de chorizo

POUR 4 PERSONNES
PRÉPARATION : 15 MIN
CUISSON : 12 MIN

200 g de champignons des bois
8 à 12 fines tranches de chorizo
4 œufs
4 cuillerées à soupe de crème fraîche
1 cuillerée à soupe d'huile d'olive
sel et poivre

1. Préchauffez le four à 180 °C (th. 6).

2. Nettoyez les champignons en les frottant avec un linge (ne les faites surtout pas tremper dans l'eau). Coupez-les en morceaux et faites-les revenir 5 minutes dans une poêle avec l'huile ; salez et poivrez.

3. Prenez 4 petits plats à four et versez 1 cuillerée à soupe de crème dans chacun d'eux. Répartissez-y les champignons, formez un creux au centre et cassez-y les œufs. Assaisonnez.

4. Déposez les petits plats dans un grand plat, versez-y de l'eau chaude et faites cuire 10 à 12 minutes au four, selon vos goûts.

5. Pendant ce temps, déposez les tranches de chorizo dans une poêle anti-adhésive. Faites chauffer doucement et augmentez la flamme quand le gras commence à fondre. Faites-les dorer sur les 2 faces et égouttez sur du papier absorbant.

6. Servez les œufs bien chauds, avec les chips de chorizo et du pain.

QUICHE AU CHÈVRE *et aux poivrons*

POUR 3 À 6 PERSONNES
PRÉPARATION : 15 MIN
CUISSON : 15 + 25 MIN

1 pâte brisée
3 œufs
1 bûche de chèvre frais (120 g)
3 gros poivrons (couleurs au choix)
1 gousse d'ail
1 oignon
basilic
25 cl de crème fraîche allégée
2 cuillerées à soupe d'huile d'olive
sel et poivre

1. Taillez les poivrons en dés et hachez l'oignon. Faites-les revenir dans une poêle contenant l'huile d'olive. Ajoutez la gousse d'ail pressée, couvrez et laissez suer 15 minutes à feu doux.

2. Préchauffez le four à 180 °C (th. 6).

3. Garnissez un moule à tarte avec la pâte brisée.

4. Retirez les poivrons du feu. Fouettez la crème et les œufs ; versez sur les poivrons et mélangez. Rectifiez l'assaisonnement.

5. Versez la préparation dans le fond de tarte, ajoutez le chèvre grossièrement émietté et enfournez. Comptez 25 minutes de cuisson environ.

6. Parsemez de basilic haché et servez chaud ou froid, en entrée ou comme petit plat, avec une salade.

BAGUETTE GRATINÉE *façon flammekueche*

POUR 4 PERSONNES (8 PIÈCES)
PRÉPARATION : 15 MIN
CUISSON : 10 MIN

200 g de lardons fumés
1 baguette + ⅓
2 oignons
150 à 200 g de fromage blanc crémeux
50 g de gruyère râpé
1 cuillerée à soupe d'huile
poivre

1. Préchauffez le four à 210 °C (th. 7).

2. Faites revenir les oignons émincés et les lardons 5 minutes à feu vif, dans une poêle avec l'huile.

3. Coupez la baguette en trois, puis ouvrez chaque morceau ainsi que le tiers de baguette supplémentaire en deux. Tartinez-les de fromage blanc, poivrez et répartissez-y le mélange oignons-lardons. Déposez-les au fur et à mesure sur la plaque du four recouverte de papier cuisson. Parsemez de gruyère râpé et faites dorer 10 minutes au four.

4. Servez chaud, avec une bonne salade.

CROQUES AUX AUBERGINES, *pancetta et mozzarella*

POUR 2 À 4 PERSONNES
PRÉPARATION : 15 MIN
CUISSON : 5 MIN

8 fines tranches de pancetta
4 grandes tranches de pain de campagne
4 belles tranches d'aubergines grillées (surgelées)
1 boule de mozzarella di bufala (125 g)
2 cuillerées à soupe de tomates semi-séchées à l'huile
huile d'olive

1. Préchauffez le four à 180 °C (th. 6). Disposez les tranches de pancetta sur la plaque du four recouverte de papier cuisson et enfournez-les 5 minutes environ, jusqu'à ce qu'elles soient croustillantes.

2. Pendant ce temps, badigeonnez très légèrement les tranches de pain avec de l'huile d'olive, sur une face. Retournez 2 tranches et répartissez-y les tranches d'aubergines (dégelées), puis la mozzarella taillée en tranches, ainsi que les tomates égouttées et hachées. Ajoutez les rondelles de pancetta (égouttées sur du papier absorbant) et fermez les croques.

3. Faites dorer à la poêle, sur les 2 faces, à feu modéré.

4. Coupez en deux et servez chaud, avec une salade à la roquette.

TOASTELETTES *jambon-fromage*

POUR 6 TOASTELETTES
PRÉPARATION : 15 MIN
CUISSON : 15 MIN

1 sachet de dés de jambon (150 g)
3 œufs
6 olives noires dénoyautées
6 tomates cerises
6 grandes tranches de pain
100 g de gruyère râpé
5 petits-suisses
persil haché
une noix de beurre
poivre

★★★

Astuce

Si vous voulez réchauffer vos toastelettes, utilisez une poêle anti-adhésive et couvrez : les fonds deviendront bien croquants.

1. Préchauffez le four à 180 °C (th. 6).

2. Faites griller le pain au grille-pain : il doit être bien doré. Laissez refroidir sur une grille ou sur un torchon de cuisine. Découpez-y ensuite des ronds au format du fond de moules à tartelettes (10 cm).

3. Mélangez les œufs et les petits-suisses ; ajoutez le fromage, le jambon et 1 cuillerée à soupe de persil haché. Poivrez un peu mais ne salez pas.

4. Beurrez légèrement les côtés de 6 moules à tartelettes et déposez un toast dans chacun d'eux ; répartissez la préparation au fromage par-dessus. Faites dorer 15 bonnes minutes au four.

5. Coupez les olives en deux verticalement et placez-les sur les toastelettes pour faire les yeux. Ajoutez les tomates cerises pour le nez et faites un grand sourire avec du persil haché.

6. Servez chaud, avec une salade.

FEUILLETÉS À LA VIANDE
et à la mozzarella

POUR 6 FEUILLETÉS
PRÉPARATION : 15 MIN
CUISSON : 30 MIN

650 g de viande de porc et de veau hachée
1 paquet de 6 carrés de pâte feuilletée
1 œuf
1 boule de mozzarella di bufala (125 g)
1 oignon, pas trop gros
1 gousse d'ail
2 cuillerées à soupe rases de parmesan râpé
2 cuillerées à soupe de pignons de pin
6 cuillerées à café de confit d'oignons
3 cuillerées à soupe de persil haché
romarin frais
1 cuillerée à soupe rase d'origan séché
sel et poivre

1. Préchauffez le four à 180 °C (th. 6).

2. Mélangez soigneusement la viande, l'oignon très finement haché, le persil, la gousse d'ail pressée et l'origan. Assaisonnez. Formez 6 boules avec la préparation.

3. Couvrez la plaque du four de papier d'aluminium. Laissez les carrés de pâte sur leur papier de cuisson. Déposez 1 cuillerée à café de confit d'oignons au centre de chaque carré, puis 1 part de viande. Repliez les 4 coins vers le centre, sans trop serrer. Badigeonnez la pâte d'œuf battu et faites cuire 15 minutes au four.

4. Coupez la mozzarella en tranches ; répartissez-les sur les feuilletés puis parsemez de parmesan et de pignons. Ajoutez quelques brins de romarin dans les coins et poursuivez la cuisson 15 minutes supplémentaires.

5. Servez chaud, avec une bonne salade mixte.

CAPPELLETTI AUX ASPERGES *et au citron*

POUR 4 PERSONNES
PRÉPARATION : 20 MIN
CUISSON : 20 MIN

500 g de cappelletti frais au jambon
2 pots de mini-asperges vertes (2 x 110 g)
2 citrons
2 échalotes
1 bouquet garni
½ cube de bouillon dégraissé
1 cuillerée à soupe rase de Sauceline®
persil plat haché
15 cl de vin blanc sec
15 cl de crème fraîche
2 cuillerées à soupe d'huile d'olive
sel et poivre

1. Faites revenir les échalotes finement hachées 5 minutes à feu doux dans une petite casserole avec 1 cuillerée à soupe d'huile. Ajoutez le vin, 15 cl d'eau, le cube de bouillon émietté et le bouquet garni. Faites réduire de moitié à feu vif.

2. Coupez les plus grosses asperges en deux, dans la longueur. Prélevez le zeste d'un citron et pressez-en le jus.

3. Retirez le bouquet garni de la sauce, ajoutez la crème et 3 ou 4 cuillerées à soupe de jus de citron. Ajoutez la Sauceline® et laissez mijoter à feu doux.

4. Faites cuire les pâtes et les mini-asperges ensemble, pendant 3 minutes. Égouttez les pâtes et les asperges en laissant un peu de jus de cuisson dans la casserole ; ajoutez le reste d'huile et rectifiez l'assaisonnement de la sauce.

5. Répartissez les pâtes aux asperges dans les assiettes, nappez de sauce, parsemez de persil et de zeste de citron. Servez aussitôt, décoré d'un quartier de citron.

HOT-DOGS CAMPAGNARDS *aux oignons*

POUR 6 PIÈCES
PRÉPARATION : 15 MIN
CUISSON : 25 MIN

6 grosses saucisses
6 morceaux de baguette ou 6 mini-baguettes
4 gros oignons
½ cuillerée à café de fond de veau en poudre
1 cuillerée à soupe de sucre roux
1 cuillerée à soupe de vinaigre balsamique
2 cuillerées à soupe d'huile d'olive
ketchup et moutarde
sel et poivre

1. Coupez les oignons en deux verticalement, puis émincez-les en fines lamelles. Faites-les revenir 2 minutes à feu moyen dans une sauteuse contenant l'huile. Couvrez et laissez suer 15 minutes à feu doux, en saupoudrant de fond de veau après 5 minutes.

2. Ajoutez le sucre et le vinaigre et faites revenir 5 minutes à feu vif, en mélangeant régulièrement.

3. Pendant la cuisson des oignons, faites cuire les saucisses au barbecue (ou à la poêle), sans oublier de les piquer au préalable. Vous pouvez également poser un instant les baguettes ouvertes en deux sur la grille, pour les réchauffer un peu.

4. Garnissez les baguettes selon vos goûts avec les saucisses, les oignons, la moutarde et le ketchup.

QUESADILLAS AU BŒUF, confit d'oignons et cheddar

POUR 4 PERSONNES
PRÉPARATION : 15 MIN
CUISSON : 4 MIN PAR FOURNÉE

400 g de bœuf haché
200 g de confit d'oignons
250 g de cheddar
8 tortillas moyennes (18 à 20 cm de diamètre)
1 cuillerée à soupe rase d'herbes de Provence
huile d'olive
sel et poivre

★★★

1. Faites revenir la viande hachée à feu vif dans une grande poêle contenant 1 cuillerée à soupe d'huile. Cassez régulièrement la masse à la spatule pour éviter la formation de grosses boulettes. Parsemez d'herbes de Provence, salez et poivrez.

2. Râpez le cheddar avec le gros côté de la râpe.

3. Huilez très légèrement les tortillas au pinceau et retournez-les. Étalez-y du confit d'oignons, recouvrez de viande cuite, puis de cheddar râpé. Refermez et faites dorer à la poêle, à feu modéré, sur les 2 faces.

4. Servez chaud, avec une salade mixte.

Astuce

Il y a 2 manières de garnir les quesadillas, mais toujours en laissant le côté huilé vers l'extérieur.
Méthode 1 : on dépose la farce sur une moitié de tortilla et on plie en deux.
Méthode 2 : on dépose une tortilla directement dans la poêle, on la recouvre entièrement de garniture et on pose une seconde tortilla par-dessus. Dans ce cas, il faut s'aider d'un couvercle pour retourner la quesadilla et cuire l'autre face.

DURUMS méditerranéens

POUR 4 PERSONNES
PRÉPARATION : 15 MIN
CUISSON : 5 MIN

450 g d'agneau (ou de bœuf) haché
80 g de feta
1 œuf
4 wraps ou tortillas
30 g de tomates semi-séchées à l'huile (poids égoutté)
1 échalote
tzatziki
salade
2 tomates
mélange d'herbes italiennes ou d'herbes de Provence
2 cuillerées à soupe d'huile d'olive
sel et poivre

1. Taillez la feta en tout petits dés. Hachez finement l'échalote et les tomates à l'huile. Versez le tout sur la viande, ajoutez l'œuf et les herbes italiennes. Mélangez bien et rectifiez l'assaisonnement (attention, la feta est déjà bien salée).

2. Divisez la préparation en 8 parts et formez des keftas plates. Faites-les dorer 5 minutes à feu modéré dans une poêle contenant l'huile.

3. Pendant ce temps, coupez les tomates en dés et émincez la salade. Réchauffez les wraps au micro-ondes, entre 2 assiettes.

4. Garnissez les wraps selon vos goûts avec les crudités, ajoutez 2 keftas et du tzatziki. Dégustez aussitôt.

PÂTES *au thon*

POUR 4 PERSONNES
PRÉPARATION : 15 MIN
CUISSON : 15 MIN

1 boîte de thon
à l'huile d'olive
(220 g, poids égoutté)
350 à 400 g de pâtes
courtes au choix
800 g de tomates cerises
2 gousses d'ail
2 cuillerées à soupe
de câpres
basilic frais
1 cuillerée à soupe rase
de romarin séché
poivre de Cayenne
1 cuillerée à café de sucre
2 cuillerées à soupe
d'huile d'olive
sel et poivre

1. Faites cuire les pâtes *al dente*.

2. Pendant ce temps, faites revenir les gousses d'ail pressées 2 minutes à feu doux dans une cocotte contenant l'huile. Ajoutez les câpres et le romarin, mélangez 1 minute, puis versez les tomates cerises, le sucre, du poivre de Cayenne selon vos goûts, du sel et du poivre. Laissez mijoter 10 minutes à feu doux.

3. Égouttez soigneusement le thon et ajoutez-le dans la sauce ; poursuivez la cuisson 5 minutes supplémentaires. Rectifiez l'assaisonnement.

4. Servez aussitôt, avec les pâtes égouttées. Parsemez de basilic et accompagnez de parmesan râpé.

PENNE *au chorizo*

POUR 4 PERSONNES
PRÉPARATION : 15 MIN
CUISSON : 15 MIN

150 g de chorizo piquant ou doux
350 à 400 g de penne rigate
1 gros poivron rouge
1 oignon
1,5 boîte de tomates concassées (600 g)
pecorino ou manchego pour servir
persil haché
1 cuillerée à soupe rase d'origan séché
1 cuillerée à café rase de paprika
2 cuillerées à soupe d'huile d'olive
sel et poivre

★★★

Astuce

Utilisez de préférence du paprika espagnol (« pimenton »).

1. Faites revenir l'oignon finement haché et le poivron taillé en petits dés dans une cocotte contenant l'huile. Couvrez et faites suer 10 minutes à feu doux.

2. D'autre part, retirez la peau du chorizo, coupez-le en deux dans la longueur, puis en tranches. Ajoutez-les dans la cocotte, ainsi que le paprika et l'origan ; mélangez 2 minutes. Ajoutez les tomates et laissez mijoter 15 minutes sur feu doux.

3. Pendant ce temps, faites cuire les penne *al dente*, en respectant bien le temps de cuisson donné sur l'emballage.

4. Rectifiez l'assaisonnement de la sauce et ajoutez le persil haché. Selon vos goûts, mélangez-la aux pâtes égouttées ou présentez-les séparément.

5. Servez avec du pecorino ou du manchego grossièrement râpés.

PILAF AU THON
et au curry rouge

POUR 4 PERSONNES
PRÉPARATION : 15 MIN
CUISSON : 10 MIN

2 boîtes de thon au naturel (2 x 153 g, poids égoutté)
300 g de riz basmati
150 g de mange-tout
1 poivron rouge
1 oignon
1 citron vert
coriandre fraîche
1 cube de bouillon dégraissé
1 bonne cuillerée à soupe de pâte de curry rouge
½ cuillerée à café de curcuma
3 cuillerées à soupe d'huile
sel et poivre

1. Émincez l'oignon et le poivron ; faites-les revenir 5 minutes à feu doux dans une cocotte contenant l'huile. Ajoutez ensuite le curcuma et le curry rouge, mélangez 1 minute, puis versez le riz. Mélangez 1 minute, puis ajoutez les mange-tout émincés et 75 cl d'eau chaude. Ajoutez le cube de bouillon émietté et portez à ébullition. Couvrez et laissez mijoter 10 minutes sur feu très doux.

2. Ajoutez le thon égoutté et juste un peu émietté, du jus de citron vert (selon vos goûts) et de la coriandre hachée. Mélangez bien et rectifiez l'assaisonnement.

3. Servez bien chaud.

PIPERADE BASQUAISE *au jambon croustillant*

POUR 4 PERSONNES
PRÉPARATION : 15 MIN
CUISSON : 20 MIN

8 tranches de jambon de Bayonne
8 œufs
750 g de tomates
2 poivrons rouges
1 gros oignon
2 gousses d'ail
1 piment vert
persil plat haché
4 cuillerées à soupe d'huile d'olive
sel et poivre

1. Émincez l'oignon, taillez les poivrons en lamelles et hachez finement le piment. Faites-les revenir 2 minutes à feu modéré dans une sauteuse avec l'huile. Couvrez et laissez suer à feu doux.

2. Pelez les tomates, coupez-les en deux, épépinez-les et taillez-les en dés. Versez-les dans la sauteuse, ajoutez les gousses d'ail pressées, couvrez et laissez mijoter 5 minutes.

3. Retirez le couvercle et poursuivez la cuisson environ 10 minutes (presque toute l'eau des tomates doit s'évaporer). Salez et poivrez.

4. Faites griller les tranches de jambon au four, sur une feuille de papier cuisson, jusqu'à ce qu'elles deviennent croustillantes.

5. Battez les œufs en omelette avec du sel et du poivre, versez-les sur la fondue de légumes et faites prendre à feu vif en mélangeant sans arrêt.

6. Parsemez de persil et servez aussitôt, avec le jambon. Accompagnez de baguette croustillante.

LE RIZ QUI RIT

POUR 4 PERSONNES
PRÉPARATION : 15 MIN
CUISSON : 20 MIN

150 g de dés de jambon
250 g de riz long grain, à cuisson normale
4 portions de Vache qui rit®
2 carottes (200 g)
100 g de petits pois surgelés
1 oignon
1 tomate
1 cube de bouillon dégraissé
3 cuillerées à soupe d'huile d'olive
sel et poivre

★★★

1. Faites revenir l'oignon haché à feu doux dans une cocotte contenant l'huile. Couvrez et laissez suer à feu doux.

2. Pendant ce temps, coupez les carottes épluchées en deux, dans la longueur, puis en tranches. Versez-les dans la cocotte, ainsi que les petits pois et le riz. Mélangez 2 minutes, puis ajoutez 60 cl d'eau et le cube de bouillon émietté. Portez à ébullition, couvrez et laissez mijoter 20 minutes sur feu très doux.

3. Ajoutez les portions de fromage fondu et le jambon, mélangez et retirez du feu. Couvrez et laissez reposer 1 minute. Mélangez à nouveau et rectifiez éventuellement l'assaisonnement.

4. Servez bien chaud.

Astuce

Si vous voulez former un visage comme sur la photo, faites les nez avec les tomates cerises coupées en deux et les bouches avec des lamelles de tomate. Un peu de persil pour les yeux et voilà !

GRATIN DE BANANES *au jambon*

POUR 4 PORTIONS ENFANT
PRÉPARATION : 15 MIN
CUISSON : 20 MIN

4 tranches de jambon cuit
180 g de macaronis
4 petites bananes
25 cl de sauce Béchamel
80 g de fromage râpé spécial gratin

1. Faites cuire les macaronis 2 minutes de moins que le temps indiqué sur l'emballage.

2. Préchauffez le four à 180 °C (th. 6).

3. Quand les macaronis sont cuits, égouttez-les et rincez-les à l'eau froide. Ajoutez-leur les deux tiers de la sauce Béchamel, mélangez bien et répartissez dans 4 petits plats à four.

4. Épluchez les bananes et enroulez-les dans les tranches de jambon. Coupez-les en deux et disposez-les sur les pâtes. Nappez avec le restant de la sauce et parsemez de fromage râpé.

5. Faites dorer 20 minutes au four.

6. Servez chaud, avec une salade mixte.

ÉMINCÉ DE BŒUF
aux oignons et aux poivrons

POUR 4 PERSONNES
PRÉPARATION : 15 MIN
CUISSON : 15 MIN
MARINADE : 20 MIN

650 g de steak
3 oignons
2 poivrons (1 rouge + 1 jaune)
2 ciboules
3 cuillerées à soupe de Sauceline®
3 cuillerées à soupe de sauce soja
3 cuillerées à soupe de vinaigre balsamique
2 cuillerées à soupe d'huile

1. Émincez finement les steaks, ajoutez-leur le vinaigre et la sauce soja, mélangez et laissez reposer 20 minutes à température ambiante.

2. Émincez les oignons et taillez les poivrons en lamelles.

3. Égouttez soigneusement la viande (conservez la marinade) et faites-la revenir à feu vif dans un wok contenant 1 cuillerée à soupe d'huile chaude. Retirez-la quand elle est rissolée, ajoutez 1 cuillerée à soupe d'huile et versez les légumes. Faites-les revenir 10 minutes à feu modéré, en mélangeant régulièrement.

4. Ajoutez la viande, la marinade, 15 cl d'eau et la Sauceline®. Portez à ébullition et laissez mijoter 2 minutes sur feu doux.

5. Parsemez de ciboule émincée et servez bien chaud, avec du riz ou des nouilles.

PAUPIETTES DE VEAU
aux aubergines et à la mozzarella

POUR 4 PERSONNES
PRÉPARATION : 15 MIN
CUISSON : 10 MIN

8 grandes escalopes de veau extra-fines (600 g)
2 boules de mozzarella di bufala (2 x 125 g)
1 sachet de tranches d'aubergines grillées surgelées (300 g)
80 g de tomates semi-séchées à l'huile (poids net, égouttées)
8 feuilles de sauge
une noix de beurre
1 cuillerée à soupe d'huile d'olive
sel et poivre

1. Taillez la mozzarella en tranches et hachez grossièrement les tomates égouttées.

2. Répartissez les tranches d'aubergines (préalablement dégelées) sur les escalopes de veau, en laissant une moitié de la viande libre. Déposez les tranches de mozzarella par-dessus et parsemez de tomates.

3. Pliez les escalopes en deux et maintenez-les fermées avec un cure-dents, tout en piquant une feuille de sauge.

4. Faites-les dorer, à feu vif, sur les deux faces, dans une grande poêle chauffée avec le beurre et l'huile.

5. Assaisonnez et servez bien chaud, avec des pâtes, une salade et/ou de la sauce tomate.

HAMBURGERS DE VEAU
aux légumes

POUR 4 PIÈCES
PRÉPARATION : 15 MIN
CUISSON : 15 MIN

500 g de veau haché
2 carottes
1 petite courgette
2 ciboules
1 tomate
4 petits pains ronds
2 tranches de gouda au cumin
1 cuillerée à soupe de menthe fraîche hachée
3 cuillerées à soupe de mayonnaise
1 cuillerée à soupe de moutarde
2 cuillerées à soupe d'huile d'olive
sel et poivre

★★★

Astuce

Vous pouvez utiliser du gouda classique et ajouter du cumin dans la viande hachée.

1. Hachez finement les ciboules (y compris les deux tiers du vert) et ajoutez-les à la viande ; salez, poivrez et mélangez bien. Formez 4 burgers et faites-les dorer 5 minutes par face, à feu doux, dans une poêle contenant 1 cuillerée à soupe d'huile. Déposez un carré de gouda sur chaque burger quand vous les aurez retournés.

2. Pendant ce temps, taillez la courgette en fines tranches et les carottes en lamelles (avec un éplucheur). Faites-les revenir 2 minutes à feu vif dans une poêle contenant 1 cuillerée à soupe d'huile. Salez, poivrez et ajoutez la menthe.

3. Mélangez la mayonnaise et la moutarde, tartinez-en la base de 4 petits pains. Ajoutez une rondelle de tomate, les burgers et des légumes. Dégustez sans attendre.

ESCALOPES DE VEAU
et courgettes à la mozzarella

POUR 4 PERSONNES
PRÉPARATION : 15 MIN
(+ REPOS : 20 MIN)
CUISSON : 5 MIN

500 g d'escalopes de veau extra-fines
2 boules de mozzarella di bufala (2 x 125 g)
2 petites courgettes
1 citron
2 cuillerées à soupe de miel
1 bonne cuillerée à café de moutarde à l'ancienne
3 cuillerées à soupe de vinaigre de xérès
une noix de beurre
7 cuillerées à soupe d'huile d'olive
sel et poivre

1. Mélangez le vinaigre et le miel dans un plat, puis ajoutez la moutarde, 6 cuillerées à soupe d'huile d'olive, du sel et du poivre.

2. Taillez les courgettes en lamelles très fines à l'aide d'un éplucheur. Versez-les dans le plat et mélangez délicatement. Couvrez et laissez reposer 20 minutes au réfrigérateur.

3. Coupez les escalopes de veau en deux ou trois, selon leur grandeur, et faites-les dorer à feu vif, sur les 2 faces, dans une grande poêle contenant le beurre et 1 cuillerée à soupe d'huile bien chauds. Salez et poivrez.

4. Coupez la mozzarella en gros morceaux ; servez avec la viande et la salade de courgettes. Ajoutez un quartier de citron sur chaque assiette pour en arroser éventuellement les escalopes.

HACHÉ THAÏ AUX OIGNONS
et riz au lait de coco

POUR 4 PERSONNES
PRÉPARATION : 15 MIN
CUISSON : 20 MIN

600 g de haché de porc
200 g de riz basmati
½ botte de ciboules
1 oignon
1 piment rouge frais
un petit morceau de gingembre frais
20 cl de lait de coco
2 cuillerées à soupe de sauce soja
1 cuillerée à soupe de miel
½ cuillerée à café de cinq-épices chinois
3 cuillerées à soupe d'huile d'arachide
sel et poivre

★★★

Astuces

Vous pouvez ajouter de la coriandre fraîche hachée à la viande. Le cinq-épices chinois est vendu tout prêt au rayon épices de votre supermarché.

1. Émincez l'oignon, hachez le piment et râpez finement le morceau de gingembre. Hachez les ciboules.

2. Portez 50 cl d'eau à ébullition dans une petite casserole. Versez-y le riz, baissez le feu au minimum, couvrez et laissez mijoter 10 minutes.

3. Pendant ce temps, faites revenir à feu modéré l'oignon, le piment et le gingembre dans une sauteuse (ou un wok) contenant l'huile. Après 5 minutes, ajoutez la viande et faites revenir à feu vif en cassant la masse à la spatule pour éviter la formation de grosses boulettes. Saupoudrez avec le cinq-épices et, dès que la viande est rissolée, ajoutez le miel et la sauce soja. Mélangez 1 minute et rectifiez l'assaisonnement.

4. D'autre part, quand le riz est cuit, ajoutez-lui le lait de coco et faites chauffer encore 2 minutes ; rectifiez l'assaisonnement.

5. Ajoutez les ciboules à la viande, mélangez et servez aussitôt, avec le riz.

ÉMINCÉ DE POULET
aux pleurotes et aux ciboules

POUR 4 PERSONNES
PRÉPARATION : 15 MIN
CUISSON : 10 MIN

4 filets de poulet
250 g de pleurotes
½ botte de ciboules
½ citron
2 cuillerées à soupe de sauce soja
1 cuillerée à café d'huile de sésame grillé (pour wok)
3 cuillerées à soupe d'huile
poivre

1. Brossez un peu les pleurotes mais ne les lavez pas à l'eau. Coupez les plus gros en morceaux. Émincez les ciboules.

2. Émincez les filets de poulet et faites-les revenir à feu vif dans une sauteuse ou un wok contenant l'huile, jusqu'à ce qu'ils soient dorés. Ajoutez les pleurotes et les ciboules puis mélangez 3 minutes à feu vif.

3. Poivrez et arrosez avec la sauce soja, le jus du demi-citron et l'huile de sésame. Laissez mijoter encore 1 minute et servez sans attendre. Accompagnez de riz basmati.

FILETS DE POULET
au pili-pili et purée de maïs

POUR 4 PERSONNES
PRÉPARATION : 15 MIN
CUISSON : 15 MIN

4 filets de poulet
2 grandes boîtes de maïs (2 x 300 g)
1 citron
1 oignon
2 gousses d'ail
1 cuillerée à café rase de flocons de pili-pili
25 cl de crème fraîche allégée
5 cuillerées à soupe d'huile d'olive
Sel et poivre

1. Faites revenir l'oignon haché à feu doux dans une casserole contenant 2 cuillerées à soupe d'huile d'olive. Après 5 minutes, ajoutez le maïs égoutté et mélangez 2 minutes. Versez la crème, salez et poivrez. Portez à ébullition, couvrez et laissez mijoter 15 minutes sur feu très doux.

2. Pendant ce temps, versez 3 cuillerées à soupe d'huile d'olive dans une sauteuse, hors du feu. Ajoutez le pili-pili, les gousses d'ail pressées, 2 cuillerées à café de zeste de citron râpé, du sel et du poivre. Salez, poivrez et mélangez. Déposez les filets de poulet dans cette préparation, enrobez-les bien et faites chauffer doucement. Faites-les cuire un petit quart d'heure à feu doux, en les retournant à mi-cuisson ; il est important de ne pas laisser l'ail brûler.

3. Passez le maïs au mixeur jusqu'à obtention d'une purée bien lisse. Rectifiez l'assaisonnement.

4. Servez le poulet avec la purée de maïs, une salade de tomates et des quartiers de citron.

ESCALOPES DE DINDE
Hawaï

POUR 4 PERSONNES
PRÉPARATION : 15 MIN
CUISSON : 20 MIN

600 g de très fines escalopes de dinde
130 g de tranches de jambon cuit
1 boîte d'ananas au jus (565 g)
2 cuillerées à soupe de Sauceline®
1 cube de bouillon de volaille dégraissé
thym frais
1 cuillerée à soupe de sucre roux
2 ou 3 noix de beurre
1 cuillerée à soupe d'huile d'olive
sel et poivre

1. Laissez égoutter les tranches d'ananas dans une passoire placée au-dessus d'un grand bol.

2. Coupez les tranches de jambon et les escalopes en deux ou en trois (selon leur grandeur). Déposez un morceau de jambon sur chaque morceau de viande et maintenez-les avec un cure-dents. Faites-les dorer à feu vif, sur les deux faces, dans une grande poêle contenant l'huile et une noix de beurre ; salez et poivrez. Procédez en plusieurs fois en ajoutant un peu de beurre.

3. Retirez les dernières escalopes de la poêle et faites dorer rapidement les tranches d'ananas coupées en morceaux. Réservez-les sur une assiette.

4. Complétez le jus d'ananas avec de l'eau pour atteindre 40 cl en tout. Ajoutez le cube de bouillon émietté et la Sauceline®. Versez dans la poêle, grattez bien les sucs, ajoutez quelques branches de thym frais émietté et faites réduire d'un tiers à feu vif. Ajoutez le sucre, puis les escalopes. Déposez les morceaux d'ananas par-dessus et laissez mijoter encore 2 minutes. Asaissonnez et servez bien chaud, avec du riz basmati.

CURRY ROUGE de bar

POUR 4 PERSONNES
PRÉPARATION : 15 MIN
CUISSON : 15 MIN

600 g de filets de bar (ou autre poisson à chair ferme)
1 poivron rouge
1 oignon
4 cuillerées à soupe de cacahuètes
40 cl de lait de coco
coriandre fraîche
2 cuillerées à soupe rases de pâte de curry rouge
2 cuillerées à soupe de jus de citron vert
2 cuillerées à soupe de sauce de poisson
1 cuillerée à café de cassonade blonde
2 cuillerées à soupe d'huile d'arachide

1. Faites revenir l'oignon haché et le poivron taillé en lamelles, à feu doux, dans une sauteuse ou un wok contenant l'huile. Après 5 minutes, ajoutez la pâte de curry, mélangez 1 minute, puis versez le lait de coco.

2. Ajoutez le jus de citron vert, la sauce de poisson et la cassonade. Laissez mijoter 5 minutes, puis ajoutez le poisson taillé en dés. Poursuivez la cuisson 5 minutes supplémentaires, à feu doux.

3. Servez chaud, parsemé de coriandre et de cacahuètes hachées. Accompagnez de riz thaï.

POISSON PANÉ COCO
et vinaigrette thaïe

POUR 3 À 4 PERSONNES
PRÉPARATION : 15 MIN
CUISSON : 3 MIN PAR FOURNÉE

500 g de filets de poisson à chair ferme : bar, dorade/sébaste, panga...
2 œufs
100 g de noix de coco râpée
une assiette de farine
un bain de friture
sel et poivre

Vinaigrette :
1 ciboule
coriandre hachée
5 cl de jus de citron vert
5 cuillerées à soupe de sauce piquante sucrée
2 cuillerées à soupe de sauce de poisson

1. Mélangez le jus de citron vert et les 2 sauces ; ajoutez la ciboule finement hachée et la coriandre. Réservez.

2. Versez la noix de coco dans une assiette. Battez les œufs en omelette avec du sel et du poivre.

3. Retirez les arêtes qui restent éventuellement dans les filets de poisson, assaisonnez les filets et passez-les dans la farine. Tapotez-les pour en faire tomber l'excédent, passez-les dans les œufs battus, puis dans la noix de coco. Laissez reposer au réfrigérateur, le temps de faire chauffer la friteuse à 180 °C.

4. Plongez les filets panés quelques minutes dans l'huile chaude, jusqu'à ce qu'ils soient dorés. Égouttez-les sur du papier absorbant et servez aussitôt, avec la vinaigrette. Accompagnez de nouilles de riz et d'une salade tomate-concombre.

POISSON AU FENOUIL
à la cuillère

POUR 4 PERSONNES
PRÉPARATION : 15 MIN
CUISSON : 20 MIN

500 g de filets de poisson à chair ferme : bar, panga, sébaste…
400 g de pommes de terre à chair ferme (poids net, épluchées) : grenaille ou autres
200 g de petits pois surgelés
1 fenouil, pas trop gros
2 cubes de fumet de poisson
sel et poivre

1. Versez les pommes de terre coupées en morceaux dans une cocotte. Ajoutez 1 litre d'eau et les cubes de bouillon émiettés. Portez à ébullition et ajoutez alors le fenouil émincé (conservez les fanes). Laissez mijoter 15 minutes, couvercle entrouvert.

2. Ajoutez les petits pois et, à la reprise de l'ébullition, ajoutez le poisson taillé en dés. Poursuivez la cuisson 3 minutes supplémentaires, à feu doux. Retirez du feu, couvrez et laissez reposer 2 minutes.

3. Rectifiez l'assaisonnement et servez bien chaud, décoré avec les fanes du fenouil.

THON GRILLÉ
et pesto de persil aux amandes

POUR 4 PERSONNES
PRÉPARATION : 15 MIN
CUISSON : 1 À 2 MIN

4 steaks de thon
50 g d'amandes mondées
50 g de parmesan fraîchement râpé
1 petite gousse d'ail (facultatif)
1 gros bouquet de persil plat
huile d'olive
sel et poivre

★★★

Astuce

Comme le bœuf, le thon ne doit pas être trop cuit, sinon il devient sec.

1. Sortez les steaks de thon du réfrigérateur.

2. Faites griller les amandes à sec, dans une poêle anti-adhésive.

3. Supprimez les grosses tiges du persil, puis lavez-le et essorez-le dans une essoreuse à salade. Versez-le dans le bol du hachoir (poids net : environ 50 g), ajoutez 12 cl d'huile d'olive, les amandes, le parmesan, du sel, du poivre et, éventuellement, la gousse d'ail hachée. Faites tourner jusqu'à obtention d'un pesto homogène, plus ou moins moulu, selon vos goûts.

4. Faites chauffer une poêle anti-adhésive à feu vif, sans matière grasse. Badigeonnez les steaks de thon d'huile d'olive et déposez-les dans la poêle bien chaude. Faites-les griller 30 secondes à 1 minute par face, selon leur épaisseur.

5. Assaisonnez et servez aussitôt, avec le pesto et des pâtes fraîches. Accompagnez d'un légume vert ou d'une salade.

ROULADES DE SOLE
aux noix et au basilic

POUR 4 PERSONNES
PRÉPARATION : 15 MIN
CUISSON : 12 MIN

600 g de filets de sole
50 g de cerneaux de noix
1 gousse d'ail
1 cuillerée à soupe de parmesan râpé
un bouquet de basilic
20 cl de fumet de poisson (en bocal)
2 cuillerées à soupe rases de Sauceline®
100 g de crème épaisse
sel et poivre

1. Préchauffez le four à 180 °C (th. 6).

2. Hachez grossièrement les cerneaux de noix et mélangez-les avec la crème épaisse, le parmesan, la gousse d'ail pressée et une poignée de feuilles de basilic hachées.

3. Disposez les filets de sole sur une planche, côté peau vers vous ; s'ils sont petits, réunissez-les deux par deux en les faisant se superposer sur quelques centimètres. Assaisonnez-les et tartinez-les avec la préparation aux noix ; enroulez-les vers la pointe. Maintenez-les fermés avec un cure-dents.

4. Déposez les roulades dans un petit plat à four et arrosez-les de fumet de poisson. S'il vous reste de la crème aux noix, déposez-en une noisette sur chaque roulade. Faites cuire 12 minutes au four.

5. Versez la sauce dans une petite casserole, ajoutez la Sauceline® et quelques feuilles de basilic hachées. Portez à ébullition, rectifiez l'assaisonnement et nappez-en les roulades. Servez aussitôt, avec des pommes de terre nature et un légume vert.

POISSON AUX TOMATES
et au parmesan

En 10 à 15 MINUTES

POUR 4 PERSONNES
PRÉPARATION : 15 MIN
CUISSON : 15 À 20 MIN

600 g de filets de dorade, sébaste, bar, panga ou autre poisson blanc
6 tomates
1 oignon
1 gousse d'ail
50 g de parmesan fraîchement râpé
1 cuillerée à soupe rase de thym
basilic frais
4 cuillerées à soupe d'huile d'olive
sel et poivre

1. Préchauffez le four à 180 °C (th. 6).

2. Faites revenir l'oignon haché à feu doux dans une poêle contenant 3 cuillerées à soupe d'huile d'olive.

3. Pendant ce temps, coupez les tomates en deux, épépinez-les et taillez-les en dés.

4. Ajoutez la gousse d'ail pressée et le thym dans la poêle avec les oignons ; mélangez 2 minutes, puis ajoutez les tomates. Salez, poivrez et retirez du feu.

5. Étalez 1 cuillerée à soupe d'huile dans le fond d'un plat à four. Déposez les filets de poisson par-dessus (coupez-les en tronçons s'ils sont grands). Salez, poivrez et recouvrez avec les tomates. Parsemez de parmesan et faites cuire 15 à 20 minutes au four, selon la grosseur des filets de poisson.

6. Parsemez de basilic et servez chaud, avec des pommes de terre nature ou rôties.

GRATINS D'ORANGES *aux pistaches*

POUR 4 PERSONNES
PRÉPARATION : 10 MIN
CUISSON : 15 MIN

2 œufs
4 à 5 oranges (selon leur grosseur)
4 cuillerées à soupe de pistaches décortiquées
1 barquette (200 g) de fromage frais (type Philadelphia®)
1 cuillerée à soupe d'eau de fleur d'oranger
70 g de sucre semoule
2 cuillerées à soupe de cassonade blonde

1. Préchauffez le four à 180 °C (th. 6).

2. Pelez les oranges à vif, coupez-les en deux verticalement, puis en tranches. Répartissez-les dans 4 petits plats à crème brûlée.

3. Mélangez le fromage avec 1 œuf, jusqu'à obtention d'une crème lisse, puis ajoutez le second œuf, le sucre et l'eau de fleur d'oranger. Mélangez bien et versez sur les oranges. Saupoudrez de cassonade et parsemez les pistaches grossièrement hachées. Faites cuire 15 minutes au four.

4. Dégustez tiède.

FRAMBOISES
à la crème

POUR 4 PERSONNES
PRÉPARATION : 15 MIN
(+ RÉFRIGÉRATION)

200 g de framboises
100 g de sucre semoule
30 cl de crème fraîche à fouetter

1. Mettez un saladier et une assiette creuse au réfrigérateur 30 minutes à l'avance.

2. Écrasez légèrement 150 g de framboises avec le sucre et faites chauffer à feu modéré pendant 3 minutes, le temps que l'ensemble devienne sirupeux. Versez dans l'assiette creuse, mélangez et laissez refroidir.

3. Montez la crème fraîche en chantilly dans le saladier froid et ajoutez-lui les trois quarts de la purée de framboises, sans trop mélanger, pour obtenir un effet marbré.

4. Versez dans des verres, décorez avec le reste des framboises et la purée réservée. Couvrez et laissez reposer au moins 1 heure au réfrigérateur.

5. Servez frais.

En 15 à 20 MINUTES

SOUPE AU CHORIZO, *maïs et pommes de terre*

POUR 4 PERSONNES
PRÉPARATION : 20 MIN
CUISSON : 15 MIN

200 g de chorizo frais à griller (4 pièces)
3 pommes de terre (400 g)
1 petite boîte de maïs (140 g)
2 côtes de céleri vert
1 gros oignon
1 feuille de laurier
2 cuillerées à soupe de persil plat haché
2 cuillerées à soupe de farine
1 cube de bouillon dégraissé
1 cuillerée à soupe d'huile d'olive
sel et poivre

1. Retirez la peau des chorizos, hachez-les grossièrement et faites-les revenir à feu modéré dans une cocotte contenant l'huile.

2. Ajoutez l'oignon haché et le céleri finement émincé, mélangez 2 minutes, puis saupoudrez de farine. Mélangez 1 minute, puis versez les pommes de terre taillées en tout petits dés, 1 litre d'eau, la feuille de laurier et le cube de bouillon émietté. Portez à ébullition, couvrez et laissez mijoter 10 minutes à feu doux.

3. Ajoutez le maïs égoutté et poursuivez la cuisson 5 minutes supplémentaires (les pommes de terre doivent être cuites). Ajoutez le persil, rectifiez l'assaisonnement et servez bien chaud.

4. Accompagnez de crackers ou de pain beurré.

VELOUTÉ TOUT DOUX *au pop-corn*

POUR 4 PERSONNES
PRÉPARATION : 15 MIN
CUISSON : 20 MIN

350 g de carottes
1 grande boîte de maïs en grains (300 g)
1 oignon
pop-corn salé
2 cubes de bouillon de volaille dégraissé
2 cuillerées à soupe d'huile d'olive

1. Faites revenir l'oignon haché 5 minutes à feu doux dans une cocotte contenant l'huile. Ajoutez les carottes pelées et taillées en rondelles, mélangez 1 minute, puis versez 1 litre d'eau et les cubes de bouillon émiettés. Portez à ébullition, ajoutez le maïs bien égoutté et laissez mijoter 20 minutes sur feu très doux.

2. Laissez reposer 5 minutes, puis passez au mixeur jusqu'à l'obtention d'un potage bien lisse. Rectifiez l'assaisonnement.

3. Servez bien chaud, en présentant le pop-corn à part.

★★★

Astuces

Vous pouvez parfumer le potage avec du cumin, du curry ou un peu de piment en poudre.
Faites vous-même votre pop-corn : les enfants adorent ça ! Rien de plus facile : faites chauffer 1 cuillerée à soupe d'huile dans une sauteuse, sur feu vif. Versez 3 cuillerées à soupe de maïs à pop-corn, mettez le couvercle et faites chauffer en secouant la sauteuse de temps en temps. Le maïs va rapidement commencer à éclater. Un peu de sel et c'est prêt !

PIZZA
bandiera

POUR 2 À 4 PERSONNES
PRÉPARATION : 20 MIN
CUISSON : 10 MIN

1 pâte à pizza épaisse
200 g de tomates cerises
1 pot de mini-asperges vertes (110 g)
1 boule de mozzarella di bufala
3 cuillerées à soupe de pesto
une poignée de roquette
½ cuillerée à soupe d'origan séché
1 cuillerée à soupe d'huile d'olive

1. Préchauffez le four à 210 °C (th. 7) et sortez-en la grille.

2. Faites cuire les mini-asperges 2 minutes à l'eau bouillante salée, égouttez-les et rincez-les à l'eau froide.

3. D'autre part, découpez un morceau de papier cuisson de la grandeur de la grille et déposez-y la pâte à pizza. Étalez-la du bout des doigts, en commençant par le centre et en étirant vers les bords, de manière à ce qu'elle recouvre presque tout le papier.

4. Étalez le pesto sur la pâte à pizza, ajoutez les asperges épongées et les tomates cerises coupées en deux. Parsemez l'origan et la mozzarella coupée en petits morceaux.

5. Faites glisser le tout (pizza + papier) sur la grille du four, arrosez d'un filet d'huile d'olive et faites dorer environ 10 minutes, en surveillant.

6. Parsemez de roquette et dégustez aussitôt.

QUICHE AU BŒUF HACHÉ
et au piment

POUR 3 À 6 PERSONNES
PRÉPARATION : 20 MIN
CUISSON : 25 MIN

200 g de bœuf haché
2 œufs
1 pâte brisée
1 poivron rouge
1 oignon
1 petite boîte de concentré de tomate (70 g)
1 cuillerée à café rase d'herbes de Provence
1 cuillerée à café rase de cumin
piment en poudre
25 cl de crème fraîche allégée
2 cuillerées à soupe d'huile d'olive
sel et poivre

1. Préchauffez le four à 180 °C (th. 6).

2. Émincez l'oignon et taillez le poivron en dés. Faites-les revenir à feu vif, avec la viande hachée, dans une grande poêle contenant l'huile. Cassez la masse à la spatule pour éviter la formation de grosses boulettes. Ajoutez le piment, le cumin et les herbes de Provence. Retirez du feu quand tout est bien rissolé.

3. Battez les œufs avec le concentré de tomate, puis ajoutez la crème. Versez ce mélange dans la poêle, hors du feu. Mélangez et rectifiez l'assaisonnement.

4. Garnissez un grand moule à tarte avec la pâte brisée. Versez-y la garniture et égalisez. Faites cuire 25 minutes au four.

5. Servez chaud, en entrée ou comme plat, avec une salade.

CRÊPES *chicanos*

POUR 4 PIÈCES
PRÉPARATION : 20 MIN
CUISSON : 5 MIN

8 à 12 tranches fines de lard
1 œuf
1 avocat
120 g de tomates cerises
40 g de farine de sarrasin
40 g de farine avec levure incorporée
25 cl de lait
beurre pour la cuisson des crêpes
½ cuillerée à soupe d'huile d'olive
sel et poivre

1. Versez les 2 farines dans un saladier, ajoutez la moitié du lait et mélangez au fouet jusqu'à obtention d'un mélange bien lisse. Ajoutez le reste du lait, l'œuf, l'huile d'olive et une pincée de sel ; mélangez bien.

2. Dans une poêle beurrée, confectionnez 4 crêpes.

3. Pendant ce temps, déposez les tranches de lard dans une grande poêle, faites chauffer doucement et augmentez le feu quand le gras commence à fondre. Faites-les rissoler et réservez-les sur du papier absorbant. Faites venir à leur place les tomates cerises coupées en deux.

4. Taillez l'avocat en dés et servez en garniture des crêpes, avec le lard et les tomates.

5. Ces crêpes peuvent être servies pour un brunch ou un petit repas.

CRÊPES DE COURGETTES *au saumon fumé*

POUR 2 À 4 PERSONNES
PRÉPARATION : 20 MIN
CUISSON : 5 MIN
REPOS : 30 MIN

4 tranches de saumon fumé (150 g)
1 œuf
1 petite courgette (150 à 200 g)
2 tomates
120 g de fromage frais à tartiner ou de ricotta
100 g de farine avec levure incorporée
25 cl de lait entier
ciboulette
huile d'olive
sel et poivre

1. Râpez la courgette non épluchée avec le gros côté de la râpe. Salez généreusement et laissez dégorger 30 minutes dans une passoire.

2. Taillez les tomates épépinées en petits dés ; réservez.

3. Réalisez une pâte à crêpes avec la farine, le lait, l'œuf, 1 cuillerée à soupe d'huile d'olive et du poivre. Pressez bien les courgettes entre vos mains pour en extraire un maximum d'eau et ajoutez-les à la pâte ; mélangez bien.

4. Faites cuire 4 crêpes, comme vous le faites d'habitude, avec un peu d'huile d'olive.

5. Tartinez les crêpes de fromage frais sur une moitié, ajoutez une tranche de saumon fumé et des dés de tomates. Pliez en deux et réchauffez à feu doux, dans la poêle à crêpes.

6. Servez chaud avec une salade.

CRÊPES AU PESTO
à la caprese

POUR 4 PIÈCES
PRÉPARATION : 20 MIN
CUISSON : 20 MIN
REPOS : 30 MIN

2 tomates
1 boule de mozzarella
quelques feuilles de basilic
sel et poivre

Pâte à crêpes :
1 œuf
40 g de farine de sarrasin
40 g de farine avec levure incorporée
1 cuillerée à soupe de pesto
20 cl de lait
huile d'olive

1. Versez les farines dans un saladier, mélangez-les au fouet avec une bonne moitié du lait, jusqu'à obtention d'un mélange bien lisse. Ajoutez le reste du lait, l'œuf et le pesto ; mélangez bien. Laissez reposer 30 minutes si vous avez le temps.

2. Faites cuire 4 crêpes, comme vous le faites d'habitude, mais en les cuisant à l'huile d'olive.

3. Taillez les tomates et la mozzarella en demi-rondelles et répartissez-les sur les 4 crêpes, d'un côté seulement. Salez, poivrez et pliez en deux.

4. Réchauffez les crêpes à feu doux à la poêle, jusqu'à ce que la mozzarella commence à fondre.

5. Parsemez de basilic haché et servez aussitôt, en entrée ou comme petit repas.

RIZ PILAF AUX TOMATES
et aux boulettes

POUR 4 PERSONNES
PRÉPARATION : 20 MIN
CUISSON : 20 À 25 MIN

600 g de viande de porc et de veau hachée
250 g de riz long grain
1 boîte de tomates concassées (400 g)
1 oignon
1 bouquet garni
2 cuillerées à soupe de basilic haché
1 cube de bouillon de volaille dégraissé
3 cuillerées à soupe d'huile d'olive
sel et poivre
parmesan pour servir

★★★

Astuce

Utilisez du riz long grain en vrac, à cuisson normale (pas de cuisson rapide) : c'est le moins cher et le plus sain !

1. Préchauffez le four à 180 °C (th. 6) et sortez-en la plaque. Recouvrez-la de papier cuisson. Déposez-y au fur et à mesure des boulettes (de la taille de belles noix) que vous confectionnez avec le haché. Faites-les cuire une bonne dizaine de minutes au four.

2. Pendant ce temps, faites revenir l'oignon haché 2 minutes à feu doux dans une cocotte contenant l'huile. Ajoutez le riz, mélangez 2 minutes, puis versez les tomates et 60 cl d'eau. Ajoutez le cube de bouillon émietté et le bouquet garni. Portez à ébullition, couvrez et laissez mijoter 10 minutes sur feu très doux.

3. Ajoutez les boulettes et poursuivez la cuisson 10 à 15 minutes supplémentaires (selon vos goûts), toujours sur feu doux et à couvert.

4. Retirez le bouquet garni, ajoutez le basilic haché et rectifiez l'assaisonnement. Servez aussitôt, avec du parmesan fraîchement râpé.

BURGERS GRATINÉS
au cheddar et tomates cerises rôties

POUR 4 PERSONNES
PRÉPARATION : 20 MIN
CUISSON : 20 MIN

500 g de viande de porc et de bœuf hachée
800 g de tomates cerises
1 oignon rouge
2 gousses d'ail
4 petites tranches de cheddar
40 g d'olives vertes et/ou noires dénoyautées
30 g de chapelure
3 cuillerées à soupe de persil haché
2 cuillerées à soupe rases d'herbes de Provence
4 cuillerées à soupe d'huile d'olive
sel et poivre

1. Préchauffez le four à 180 °C (th. 6).

2. Versez les tomates cerises dans un plat à four assez grand pour qu'elles ne se chevauchent pas. Ajoutez l'oignon rouge émincé, 1 gousse d'ail pressée, 1 cuillerée à soupe rase d'herbes de Provence, 3 cuillerées à soupe d'huile, du sel et du poivre. Mélangez bien et faites cuire 15 minutes au four.

3. Versez la viande dans un saladier et ajoutez l'œuf, les olives hachées, la chapelure, 1 gousse d'ail pressée, le persil, 1 cuillerée à soupe rase d'herbes de Provence, du sel et du poivre. Malaxez bien et formez 8 steaks.

4. Faites dorer rapidement les steaks sur les 2 faces dans une poêle avec le reste d'huile.

5. Retirez le plat avec les tomates du four et réglez celui-ci en position gril. Déposez les steaks sur les tomates, recouvrez-les d'une demi-tranche de cheddar et faites dorer rapidement en surveillant.

6. Servez aussitôt, avec des pommes de terre en chemise ou une purée.

TAGLIATA *mexicana*

POUR 4 PERSONNES
PRÉPARATION : 20 MIN
CUISSON : 3 MIN

2 gros steaks (châteaubriand)
100 g de chips tortillas
4 tomates
1 salade romaine
1 petite boîte de maïs (140 g)
½ oignon rouge
½ piment rouge
2 cuillerées à soupe d'épices à tacos (en sachet)
2 cuillerées à soupe de vinaigre balsamique
8 cuillerées à soupe d'huile d'olive
sel et poivre

★★★

1. Mélangez 4 cuillerées à soupe d'huile et les épices à tacos dans un plat. Déposez-y les steaks, enrobez-les bien et laissez reposer à température ambiante.

2. Mélangez le vinaigre balsamique, du sel et 4 cuillerées à soupe d'huile dans un saladier. Ajoutez le maïs bien égoutté, le piment finement haché, l'oignon rouge émincé, les tomates épépinées et coupées en morceaux, ainsi que la salade romaine émincée. Mélangez bien et répartissez sur 4 assiettes. Ajoutez des chips tortillas.

3. Faites chauffer une poêle-gril à sec, à feu vif. Quand elle est bien chaude, déposez-y les steaks et faites-les griller 1 minute à 1 minute 30 par face. Transférez-les sur une planche, laissez reposer 1 minute, puis taillez-les en tranches. Répartissez-les dans les assiettes et servez aussitôt.

Astuce

Vous pouvez ajouter un peu de coriandre fraîche sur le dessus.

BOULETTES DE VEAU
en blanquette

POUR 4 PERSONNES
PRÉPARATION : 20 MIN
CUISSON : 25 MIN

750 g de viande de veau hachée
250 g de champignons de Paris
2 belles carottes
1 blanc de poireau
100 g d'oignons grelots surgelés
1 jaune d'œuf
2 cubes de bouillon de volaille dégraissé
1 bouquet garni
4 cuillerées à soupe rases de farine
1 cuillerée à soupe de jus de citron
20 cl de crème fraîche allégée
3 cuillerées à soupe d'huile d'olive
sel et poivre

1. Préchauffez le four à 180 °C (th. 6).

2. Assaisonnez la viande hachée et formez de petites boulettes. Placez-les sur la plaque du four recouverte de papier cuisson. Faites-les cuire 10 minutes.

3. Coupez les carottes en rondelles et émincez le poireau. Placez-les avec les oignons dans une cocotte avec 2 cuillerées à soupe d'huile et faites revenir 2 minutes à feu doux. Ajoutez la farine, mélangez 1 minute, puis versez 80 cl d'eau chaude, tout en mélangeant. Ajoutez les cubes de bouillon émiettés, le bouquet garni et les boulettes. Laissez mijoter 10 minutes à feu très doux.

4. Coupez les champignons en lamelles et faites-les revenir à la poêle avec 1 cuillerée à soupe d'huile et le jus de citron, jusqu'à évaporation de toute leur eau. Ajoutez-les dans la cocotte avec la crème fraîche ; laissez mijoter 2 minutes et retirez du feu.

5. Fouettez vivement le jaune d'œuf avec une louche du jus de cuisson. Versez le tout dans la cocotte et mélangez bien. Rectifiez l'assaisonnement et servez bien chaud, avec des pommes de terre ou du riz.

ÉMINCÉ DE VEAU
aux tomates cerises

POUR 6 PERSONNES
PRÉPARATION : 20 MIN
CUISSON : 10 MIN

900 g de viande de veau (1 rôti ou des escalopes)
750 g de tomates cerises (couleurs mélangées)
2 gousses d'ail
3 échalotes
1 gros bouquet de basilic
4 ou 5 cuillerées à soupe de vinaigre balsamique
2 grosses noix de beurre
2 cuillerées à soupe d'huile d'olive
sel et poivre

1. Coupez les tomates cerises en deux. Émincez les échalotes et pressez les gousses d'ail. Prélevez les feuilles du basilic. Émincez la viande en lamelles.

2. Faites chauffer une grande sauteuse ou un wok à feu vif, avec une noix de beurre et 1 cuillerée à soupe d'huile. Versez-y les échalotes et la viande ; faites-les revenir à feu vif. La viande va rendre de l'eau : égouttez le tout dans une passoire et recommencez depuis le début.

3. Quand la viande est bien colorée, ajoutez les tomates, l'ail, du sel et du poivre ; faites revenir 2 minutes à feu vif. Versez 15 cl d'eau, grattez bien les sucs et faites réduire 1 minute à feu vif. Ajoutez le vinaigre et les feuilles de basilic. Mélangez 30 secondes et retirez du feu.

4. Rectifiez l'assaisonnement et servez aussitôt, avec des pâtes fraîches.

POULET EN CROÛTE DE POLENTA, *salade à l'avocat*

POUR 4 PERSONNES
PRÉPARATION : 20 MIN
CUISSON : 15 MIN

4 beaux filets de poulet
4 cuillerées à soupe de polenta (précuite)
3 tomates
2 avocats à point
1 petite boîte de maïs en grains (140 g)
1 petit oignon rouge
1 citron vert
coriandre hachée
huile d'olive
sel et poivre

1. Préchauffez le four à 180 °C (th. 6).

2. Versez la polenta dans une assiette. Badigeonnez les filets de poulet d'huile d'olive, assaisonnez-les et appuyez leur côté bombé sur la polenta, de manière à les recouvrir d'une croûte. Faites-les dorer rapidement sur les 2 faces dans une poêle anti-adhésive avec 1 cuillerée à soupe d'huile chaude.

3. Déposez-les sur la plaque du four recouverte de papier cuisson, côté polenta vers le haut, et faites-les cuire 15 minutes au four.

4. Pendant ce temps, pressez le jus du citron vert dans un saladier et ajoutez-y les avocats coupés en lamelles ; mélangez bien. Ajoutez les tomates épépinées et coupées en dés, le maïs égoutté, l'oignon rouge émincé, 2 ou 3 cuillerées à soupe d'huile d'olive, du sel, du poivre et la coriandre hachée. Mélangez bien.

5. Servez les filets de poulet taillés en tranches épaisses et accompagnez avec la salade.

GRATIN DE POULET *aux épinards*

POUR 4 PERSONNES
PRÉPARATION : 20 MIN
CUISSON : 5 MIN

600 à 700 g de filets de cuisses de poulet
600 g d'épinards en branches surgelés
25 cl de béchamel
100 g de fromage râpé
1 gousse d'ail
muscade râpée
10 cl de vin blanc sec
une noix de beurre
3 cuillerées à soupe d'huile d'olive
sel et poivre

★★★

Astuce

Utilisez de préférence des filets de cuisses de poulet, bien plus moelleux que les filets de poitrine (blancs).

1. Faites revenir les épinards à feu modéré dans une grande poêle avec 2 cuillerées à soupe d'huile d'olive, jusqu'à évaporation de toute leur eau.

2. Simultanément, taillez le poulet en dés ; faites-les revenir à feu vif dans une autre poêle avec le beurre et 1 cuillerée à soupe d'huile. Quand ils sont colorés, ajoutez la gousse d'ail pressée, mélangez 1 minute, puis arrosez de vin blanc. Faites réduire presque entièrement à feu vif. Salez et poivrez.

3. Préchauffez le gril du four.

4. Quand les épinards sont cuits, retirez-les du feu et ajoutez-leur le tiers de la sauce béchamel. Rectifiez l'assaisonnement et ajoutez une pincée de noix de muscade.

5. Répartissez le poulet dans 4 plats à four individuels, étalez les épinards par-dessus et nappez le tout avec le reste de béchamel. Parsemez de fromage râpé et faites gratiner sous le gril, en surveillant.

6. Servez bien chaud, avec une purée de pommes de terre.

FILETS DE POISSON
panés aux noisettes

POUR 4 PERSONNES
PRÉPARATION : 20 MIN
CUISSON : 5 MIN

600 g de filets de poisson à chair ferme (sébaste, bar…)
2 œufs
1 citron
50 g de noisettes décortiquées
50 g de chapelure
1 assiette de farine
huile végétale pour la cuisson
sel et poivre

1. Passez les noisettes au hachoir sans les réduire entièrement en poudre. Mélangez-les à la chapelure dans une assiette.

2. Battez les œufs en omelette dans une autre assiette, avec du sel et du poivre.

3. Coupez les filets de poisson en morceaux et assurez-vous qu'ils n'ont plus d'arêtes. Assaisonnez-les et roulez-les dans la farine. Tapotez-les pour en faire tomber l'excédent, puis passez-les dans les œufs battus et, pour finir, dans la chapelure aux noisettes.

4. Faites chauffer une fine couche d'huile dans une grande poêle et faites-y dorer les morceaux de poisson sur les deux faces, à feu modéré.

5. Déposez-les sur du papier absorbant et servez aussitôt, avec des quartiers de citron. Accompagnez d'une purée aux brocolis.

GRATIN DE BAR
à la ricotta et aux épinards

POUR 4 PERSONNES
PRÉPARATION : 20 MIN
CUISSON : 15 MIN

600 g de filets de bar ou de cabillaud
600 g d'épinards en branches surgelés
250 g de ricotta
2 petites tranches de pain (40 g)
4 cuillerées à soupe de parmesan râpé
1 gousse d'ail
3 brins de persil plat
2 cuillerées à soupe d'huile d'olive
sel et poivre

1. Préchauffez le four à 180 °C (th. 6).

2. Dégelez les épinards au micro-ondes. Faites-les ensuite revenir dans une grande poêle contenant l'huile et la gousse d'ail pressée, jusqu'à évaporation de toute l'eau rendue. Hors du feu, ajoutez la ricotta, mélangez et rectifiez l'assaisonnement.

3. Faites sécher le pain dans le grille-pain, cassez-le en morceaux et versez-le dans le bol du hachoir avec les brins de persil et le parmesan. Faites tourner jusqu'à obtention d'une panure grossière mais homogène.

4. Versez les épinards dans un plat à four, disposez les filets de bar par-dessus, recouvrez le tout avec la panure et faites dorer 15 minutes au four.

5. Servez chaud, avec des pommes de terre nature ou rissolées.

BRICKS DE BAR
au pesto et au couscous

POUR 4 PERSONNES
PRÉPARATION : 20 MIN
CUISSON : 15 MIN

4 portions de filets de bar (environ 500 g en tout)
6 feuilles de brick
8 cuillerées à soupe de couscous
2 tomates
100 g de pesto frais
30 g de beurre

1. Préchauffez le four à 180 °C (th. 6).
2. Versez 5 cl d'eau bouillante salée sur le couscous et laissez gonfler.
3. Faites fondre le beurre au micro-ondes.
4. Coupez les tomates en deux verticalement, puis en tranches.
5. Badigeonnez 4 feuilles de brick de beurre fondu, retournez-les et déposez au centre de chacune d'elles une demi-feuille de brick pliée en trois. Répartissez le couscous par-dessus, puis les tranches de tomates. Surmontez avec une portion de poisson et nappez de pesto.
6. Fermez les feuilles de brick en formant des paquets pas trop serrés (maintenez-les fermés avec un cure-dents si nécessaire). Déposez sur la plaque du four recouverte de papier cuisson et faites cuire 15 minutes au four.
7. Servez chaud, avec une salade.

SAUMON TANDOORI
et riz parfumé au citron

POUR 4 PERSONNES
PRÉPARATION : 20 MIN
CUISSON : 15 MIN

4 portions de filet de saumon sans peau (d'environ 150 g chacun)
2 petites tasses de riz basmati (200 g)
1 citron
1 oignon, pas trop gros
1 gousse d'ail
coriandre hachée
1 bonne cuillerée à soupe de pâte tandoori
une pointe de cardamome et de clou de girofle en poudre
125 g de yaourt grec
2 cuillerées à soupe d'huile
sel et poivre

★★★

Astuce
Utilisez du saumon surgelé si vous disposez d'un petit budget.

1. Mélangez le yaourt et la pâte tandoori dans un plat, déposez-y les portions de saumon et enrobez-les bien. Couvrez et laissez reposer.

2. Préchauffez le gril du four.

3. Faites revenir l'oignon haché pendant 5 minutes dans une petite cocotte contenant l'huile. Ajoutez la gousse d'ail pressée, 1 cuillerée à soupe rase de zeste de citron râpé et les épices ; mélangez 1 minute, puis versez le riz. Mélangez 2 minutes, puis versez 50 cl d'eau, du sel et du poivre. Portez à ébullition, couvrez et laissez mijoter 12 minutes à feu très doux.

4. Pendant ce temps, déposez les morceaux de saumon dans un plat à four et passez-les une dizaine de minutes sous le gril bien chaud.

5. Ajoutez 2 ou 3 cuillerées à soupe de jus de citron dans le riz, rectifiez l'assaisonnement et ajoutez la coriandre.

6. Servez aussitôt, accompagné d'une salade de concombre.

CURRY DE POISSON *aux légumes*

POUR 3 À 4 PERSONNES
PRÉPARATION : 20 MIN
CUISSON : 15 MIN

500 g de filets de poisson à chair ferme (bar, dorade...)
1 aubergine
2 tomates
1 oignon
1 gousse d'ail
une poignée de cacahuètes
1 yaourt nature bulgare (125 g)
1 cube de bouillon dégraissé
1 cuillerée à soupe de curry en poudre
5 cl de crème fraîche
2 cuillerées à soupe d'huile
sel et poivre

1. Taillez l'aubergine non épluchée en dés. Pelez les tomates et épépinez-les ; coupez-les en morceaux.

2. Faites revenir l'oignon haché et la gousse d'ail pressée 2 minutes à feu doux dans une sauteuse contenant l'huile. Ajoutez le curry, mélangez 1 minute, puis versez les légumes, 25 cl d'eau et le cube de bouillon émietté. Portez à ébullition, couvrez et laissez mijoter 10 minutes à feu doux.

3. Versez le yaourt et la crème, puis le poisson coupé en dés. Laissez mijoter 5 minutes supplémentaires.

4. Rectifiez l'assaisonnement et servez bien chaud, parsemé de cacahuètes grossièrement hachées. Accompagnez de riz basmati.

CURRY DE CREVETTES
aux pois chiches

POUR 4 PERSONNES
PRÉPARATION : 20 MIN
CUISSON : 20 MIN

1 sachet de petits scampis surgelés (500 g)
1 boîte de pois chiches (240 g, poids net égoutté)
1 boîte de tomates concassées (400 g)
1 citron vert
1 oignon
2 gousses d'ail
40 cl de lait de coco
coriandre fraîche
1 cuillerée à café de garam masala ou de mélange d'épices indiennes
1 cuillerée à café de curry
2 cuillerées à soupe d'huile
sel et poivre

1. Faites revenir l'oignon haché et les gousses d'ail pressées 5 minutes à feu doux dans une cocotte contenant l'huile. Ajoutez ensuite les épices, mélangez 1 minute, puis versez les tomates et le lait de coco. Laissez mijoter 10 minutes à feu doux.

2. Pendant ce temps, égouttez les pois chiches et rincez-les soigneusement à l'eau froide. Décortiquez les scampis.

3. Ajoutez le tout dans la cocotte, ainsi que le jus d'un demi-citron vert. Portez de nouveau à ébullition et laissez mijoter 5 minutes supplémentaires.

4. Rectifiez l'assaisonnement et servez bien chaud, parsemé de coriandre hachée. Accompagnez de riz basmati et/ou de pain naan.

INDEX DES RECETTES

R

S

T

V

ÉQUIVALENCES

Mesures liquides

Système métrique	Système américain	Autre nom
5 ml	1 cuillère à thé (cuillère à café française)	
15 ml	1 cuillère à table (cuillère à soupe française)	
35 ml	1/8 cup (tasse française)	1 oz (ou once)
65 ml	1/4 cup ou 1/4 grand verre	2 oz
125 ml	1/2 cup ou 1/2 grand verre	4 oz
250 ml	1 cup ou 1 grand verre	8 oz
500 ml	2 cups ou 1 pinte	
1 litre	4 cups ou 2 pintes	

Mesures solides

Système métrique	Système américain	Autre nom
30 g	1/8 oz	
55 g	1/8 lbs	2 oz
115 g	1/4 lbs	4 oz
170 g	3/8 lbs	6 oz
225 g	1/2 lbs	8 oz
454 g	1 livre	16 oz

Chaleur du four

Chaleur	° Celsius	Thermostat	° Fahrenheit
Très doux	70 °C	Th. 2-3	150 °F
Doux	100 °C	Th. 3-4	200 °F
	120 °C	Th. 4	250 °F
Moyen	150 °C	Th. 5	300 °F
	180 °C	Th. 6	350 °F
Chaud	200 °C	Th. 6-7	400 °F
	230 °C	Th. 7-8	450 °F
Très chaud	260 °C	Th. 8-9	500 °F

Direction éditoriale :
Anne La Fay
Édition : Adèle Vay
Direction artistique :
Caroline Soulères et Julie Mathieu
Maquette : Chantal Tuaud,
Julie Mathieu et Elfried Werner
Fabrication : Thierry Dubus
et Gwendoline Da Rocha
N° d'édition : A15050
ISBN : 9782317006548
MDS : 63062
Photogravure : Apex
Achevé d'imprimer en février 2015
par MacroLibros - Espagne
Dépôt légal : mars 2015
Édition N°1

Photo de couverture : © Amélie Roche
Stylisme de la photo de couverture :
AnneCé Bretin

www. mangoeditions.com

Retrouvez-nous sur :
https://www.facebook.com/Mangocuisine

Dans la même COLLECTION

**DÉCOUVREZ 100 % CUISINE,
LA COLLECTION DE 100 RECETTES INRATABLES !**

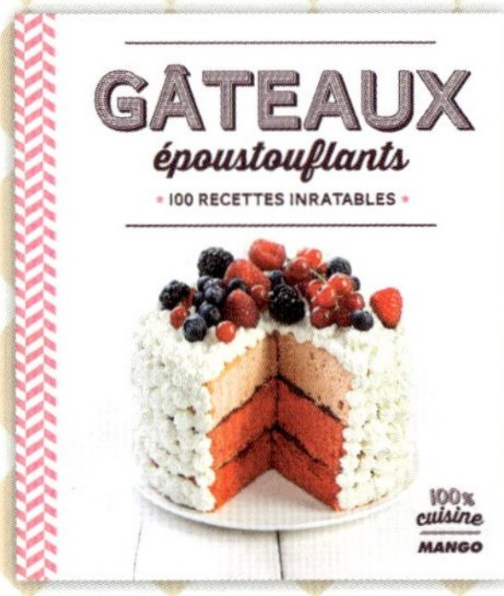

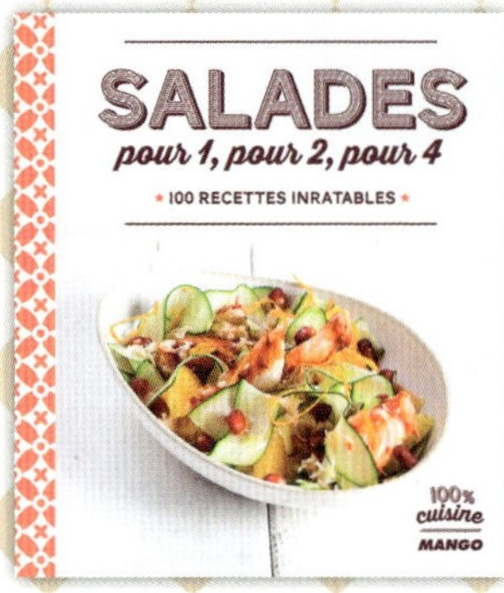

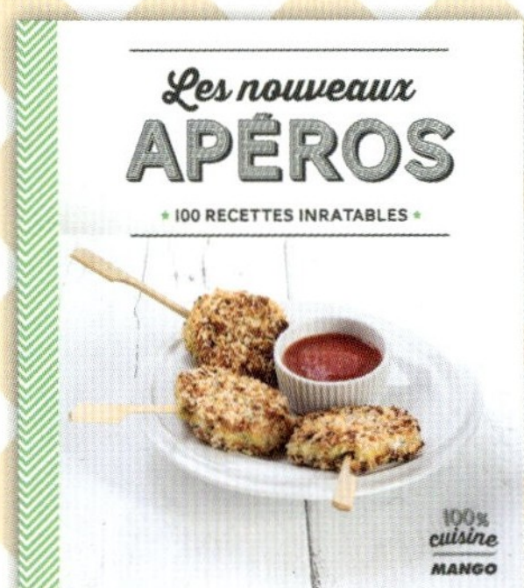

Collectionnez-les tous !